KB202607

질그릇에 담겨진 보물이야기

질그릇에 담겨진 보물이야기

2019년 10월 15일   제1판 1쇄 발행
지 은 이   이 병 칠
펴 낸 이   김 만 홍
펴 낸 곳   도서출판 예지
그   림   김하빈, 맹재희, 박상윤, 임수림
인천광역시 계양구 계양문화로 168, 319-304호
전 화   010-2393-9191
등 록   2005. 5. 12. 제387-2005-00010호
ⓒ 이 병 칠 2019

정가 10,000원
ISBN 978-89-93387-40-7 03230

공급처 : 하늘유통 031) 947-7777

질그릇에 담겨진
보물 이야기

글 이병칠 지음
그림 김하빈, 맹재희, 박상윤, 임수림

예지

| CONTENTS |

목 차

프롤로그

제게 있어서 목회는 늘 사람을 다루는 일이었습니다. 사람이 행복하면 교회가 행복하고 교회가 행복하면 사람이 행복합니다. 또 행복한 이야기가 많으면 목사의 목회가 행복합니다. 그래서 늘 주보에 에세이를 썼습니다. 이 에세이는 칭찬과 축복을 중심으로 교회 공동체가 가진 순수하고 아름다운 사람 사는 이야기를 중심으로 담아냈습니다. 특히 이 책에서는 두 교회 이름이 거론되는데 필자가 목회하던 교회입니다. 첫 번째 책이기에 화성의 남양교회 이야기를 함께 담았습니다. 그리고 현재 담임하고 있는 인천 갈월교회를 중심으로 성도님들과의 신앙의 이야기를 실어봤습니다. 두 교회 모두가 '하나의 공교회'로서 함께 기억될 신앙의 가치를 담아 내보고자 했습니다. 저는 사람 사는 이야기가 믿음 안에서 담겨질 때 그것이 하늘을 비추는 보물이라 생각합니다. 아무도 빼앗아 가지 못할 그 이야기를 기록하고 남기는 것이 의미 있으리라 생각됩니다.

여기에 기록된 이름들은 모두 실명인데 상당한 분들이 이미 주님의 부름을 받고 이 땅에 계시지 않는 분들입니다. 우리는 질그릇처럼 깨어지는 때가 반드시 있습니다. 그러나 그분들의 삶과 신앙의 이야기가 이 책에 남아 깨어지지 않고 기억될 것입니다. 그래서 "질그릇에 담겨진 보물이야기"이란 제목으로 에세이를 내게 되었습니다. 우리 삶은 깨어질 질그릇과 같은데 언제 깨어질지 모릅니다. 이미 깨어졌거나 앞으로 그렇게 될 것입니다. 그러나 그 깨어질 질그릇에 담겨있던 보물은 찰나를 살아가는 우리에게 영원을 보게 합니다. 우리가 항상 하나님 앞에 순결하지 못하지만 삶에서 하나님 앞에 서는 순결한 순간의 경험들이 기록되어서 이 책에 담겨진 것이 의미가 있다고 생각합니다.

갈월교회 청년들이 예쁜 그림으로 에세이에 동참해 주신 것에 대해 감사드립니다. 교정을 위해 힘써주신 함께 동역하는 황현성 목사의 사모, 박하나 사모님께 감사드립니다. 그리고 이 모든 이야기를 함께 듣고 경험했던 나의 아내 김운화 사모님께도 동해의 기쁨과 감사를 드립니다.

멈추지 않는 주옥같은 이야기로 앞으로도 계속 기록이 남아가기를 기대해 봅니다.

2019년 10월
갈월교회 목양실에서 이병칠 목사

추천사

하나님의 꿈은 우리를 이 땅에서 멋지게 살게 하다 하늘나라에 가게 하는 것입니다. 멋진 삶이란 하나님의 뜻에 온전히 동행하는 것입니다.

이 책은 여러 가지 어려운 상황 속에서도 흔들리지 않고 오늘도 우리와 동행하시며 우리를 도우시는 하나님을 믿고 좇아감으로 하나님의 꿈을 함께 이루어가는 목사님과 성도들의 멋진 이야기들로 가득 차 있습니다. 그러므로 이 책은 모든 성도와 목회자들에게 큰 감동과 새로운 결단을 할 수 있는 용기를 줄 것입니다.

계산중앙교회 최신성 목사

이웃사촌이라는 말이 있습니다. 이병칠 목사님은 오랜 시간 동행한 이웃입니다. 곁에 있기만 해도, 아무 말 없이 함께 있기만 해도 마음속을 알 것 같은 목사님입니다. 그만큼 심령이 깨끗한 목사님입니다. 커피 한잔 내놓고 온종일 얘기를 나누고 싶은 목사님입니다.

한국에 있을 때는 언제든지 달려가서 함께 있고 싶을 정도로 든든한 고목처럼 언제나 자리를 지키고 계신 목사님입니다. 이병칠 목사님은 항상 긍정 에너지가 솟구치는 분, 예수님을 너무 사랑해서, 십자가를 사랑해서, 여러 모양의 십자가를 수집하는 목사님입니다.

들에 핀 작은 들꽃도 그냥 지나치지 못하고 말을 거는 목사님.

세상의 모든 사물에서 예수님을 읽어내는 목사님.

벌써 오랜 시간 흘렀습니다. 이렇게 질그릇에 담긴 보배를 출판하게 되어 책에 추천사를 올리게 되어 기쁩니다.

목사님의 기도와 열정이 이곳까지 들려오는 것 같습니다.

선교사의 마음을 헤아려 주시는 목사님이십니다.

이병칠 목사님의 글은 깊은 산속에서 졸졸졸 흘러나오는 샘물처럼 마시면 마실수록 더 마시고 싶어지는 '옹달샘' 같습니다.

어떤 때는 너무 아까워서 몰래 숨겨놓고 혼자만 마시고 싶을 정도로 시원하고 기가 막힌 맛이 있습니다.

예수님을 너무 사랑해서 예수님의 흔적을 지니고 싶어 하는 몸부림을 느낄 수 있습니다.

백문불여일견(白聞不如一見)이란 말이 있습니다. 백 번 듣는 것보다 한 번 보는 것이 낫다는 뜻으로, 중국 한(漢)나라의 장군 조충국(趙充國)이 한 말을 저도 하고 싶습니다.

이병칠 목사님의 책은 한 번 읽으면 영혼을 깨우는 펄떡이는 글 속으로 빠져들고 말 것입니다. 사람들의 심령이 메마르고 굳어진 이때에 하나님께서 이병칠 목사님을 세상에 드러내셔서 따뜻한 영성의 글들을 통해 수많은 사람들의 심령에 예수의 빛을 비추게 됨을 기쁘게 생각합니다. 일본 니이가타에서 진심으로 응원하며 축복합니다.

일본 니이가타교회 이재익 목사

1. 가발과 사랑

이제는 모두가 아는 바와 같이 머리에 변화를 주었다. 교회 홈페이지에서 설교를 올리는 동영상을 볼 때마다 사라져서 훤하게 보이는 머리가 유독 신경 쓰였다. 거울로 내 모습을 볼 때는 정면에서만 보니 윗부분과 뒷모습은 볼 수 없었다. 거울의 단점이 그것이다. 그러나 내 눈에 잘 보이지 않는 부분까지도 가꾸는 것이 필요한가 보다.

삶에 있어서도 보이지 않는 부분까지 가꾸는 지혜가 필요하다.

그런데 뒷모습과 윗모습을 가꾼 후 익숙한 것과의 전쟁이 시작되었다. 모두들 좋아 보인다고 칭찬한다. 자연스럽다고 한다.

그런데 앞모습만 보는 거울을 다시 볼 때는 나 자신에 관대하지 못하게 된다. 익숙한 모습이 아니기에 아무리 자연스럽게 해도 내 눈에는 무언가 어색해 보인다. 또 머리에 시간을 들이는 시간이 필요해지면서 부지런하게 움직여야 하는 시간과의 다툼이 생긴다. 새벽에는 조금 더 그렇다. 지금의 변화가 내 자신처럼 금방 익숙해지지 않기에, 새 모습을 사랑하는데 시간이 필요하다는 사실을 알게 한다.

나의 새 모습을 사랑하게 되기까지 시간이 필요한 분들이 나 자신만은 아닌 것 같다. 반응을 들어보니 어떤 권사님은 "옛 모습이 지금 모습보다 훨씬 더 좋았다"고 하신다.

사람이 너무 흠이 없으면 오히려 거리감이 있기 마련인데 아마도 익숙해진 흠 있는 옛 모습에 정감이 느껴지셨던 모양이다. 그런 의미에서 변화가 다 좋은 것은 아닌가 보다.

또 어떤 분은 "머리를 해서 좋은데 인물이 예전만 못하다"고 하신다. 내가 사랑하는 사람의 모양이 변화되어 다시 어색해지신 때문이리라... 이제 곧 익숙해지시겠지...

여러 가지 부정적 반응을 보면서 나는 '혹 정감이 떨어지면 어쩌나'라는 마음의 걱정을 하고 있는 내 내면을 보게 되었다.

그 걱정 속에서 옛 모습이나 현재 모습이나 어떤 모습이든 사랑을 받고자 하는 내 마음의 욕구가 작용하고 있다는 사실에 놀랐다. 나는 나 자신의 변화를 통한 스스로의 만족으로만 나를 규정할 수 없다는 것을 새삼 깨닫게 되었다. 내 인격과 삶의 모습 속에는 투영된 타인의 사랑에 대한 반응이 나를 만들어 갔다. 사랑받음이 나를 만들어 간다는 사실이다. 나는 이미 내가 아니다. 나는 교회와 성도님들과 연결되어 있다.

우리가 누군가를 사랑하게 된다면 그 사랑이 누군가를 예쁘게 만들어 간다는 사실을 알게 되니 사랑해야 할 명분이 더 분명해진다. 어떤 경우에도 사랑은 좋은 것이었다.

2. 가족이 되어 드립니다

가정의 달, '가족이 되어 드립니다.'라는 행사 덕분에 잘 먹었다. 금요일마다 구역별로 모여 연합 구역 속회 예배를 드린다. 한 주는 차명자 장로님 구역이 제일 먼저 모였다. 다음 주는 김근태 장로님 구역이 모였다. 모일 때마다 포토존에 사진 모델이 되어 드리느라 바쁘다. 남의 살(삼겹살)도 쉽게 얻어먹었다.

5월 몇 주 동안 포토존의 사진도 채워져 가고, 가훈도 채워져 간다. '가족이란 00 다'란 문구도 채워져 간다.

주일마다 짝지어 사진 찍느라 분주하다. 나는 박성전 권사님과 '머리카락 없는 사람끼리' 얼른 찍었다. 그래도 내가 조금 더 남아있으니...
또 이병옥 권사님과도 찍었다. 이름이 두 자나 같은 사람이니...
혈액형별로, 이 씨(氏) 성별로, 띠별로, 안경 쓴 사람들만...
이렇게 저렇게 공통점을 만들어 가니 참 만나야 할 이유가 많다.
사진 찍을 이유도 점점 많아진다.

우리는 왜 이런 것을 하고 있을까?
학생들이 앞에 늘 모여 사진 찍는다. 사람을 모은다. 안내 위원만 몇 명 있던 교회 입구가 항상 북적북적하다. 눈에 들어오지 않던 이런저런 사람을 눈에 채우려 하는 시도들이 일어난다.

'무엇이 다른가보다 무엇이 같은가?'로 하나 되어간다. 서로에게 일상의 관심이 없던 사람들이 하나둘 씩 모여든다. 이런 활동들이 일상적인 교회 입구의 주일 풍경을 바꾼다. 원래 교회는 이래야 되는 것이 아닌가?

'가족이 되어드립니다.'는 그 모습을 찾아가는 것이다.

성도의 친절과 은혜의 교제...

누군가 나를 만져주고, 찾아 주고, 사랑해주기를 기다림이 아니다.

가족은 서로 은혜와 친절로 만들어지는 것이다.

이렇게 행동해 보니 아름답다. '성도의 교제'가 얼마나 아름다운지 모른다.

가족은 일방적인 통행에 의해 만들어지지 않는다. 가족은 상호보완적인 삶의 노래다.

이번 행사를 하면서 우리는 그동안 서로 가정이 되어주는데 인색하지 않았는가 생각이 든다. 내가 먼저 찾아 나서는 곳에 진정한 성도의 교제가 있다. 이렇게 활기차게 즐거움을 가질 수 있는데 가정 같은 교회의 기쁨을 즐길 줄 몰랐던 것 같다.

매 주일마다 교회 안에서 누군가에게 가족이 되어주자. 무슨 이유를 만들어서든지 기쁨을 나누는 교회가 되자. 끝까지 행복하게...

3. 감사와 행복

교회의 땅값을 모두 치렀다. 이제 등기만 남았다. 우여곡절이 많았지만 땅값을 이런저런 비용 포함해서 28억을 치러서 전체 건축의 30%는 완성이 된 것이다. 지주 분들 중에 한 분이 끝까지 마음고생을 시켰다. 이해도 간다. 세금 문제이니…

정부에서 세금으로 상당한 부분을 가져간다.

그런데 끝없는 사람의 욕심도 보였다. 십 수 년 전에 5천-6천만 원에 산 땅을 5-6억으로 팔면서도 세금 때문에 억울하다고 하신다.

70-80만 원에 팔려던 땅을 100만 원이 넘게 받으면서도 더 받겠다고 작다고 하시더라.

우리는 언제쯤 감사하게 될까?

감사는 그래서 환경의 문제가 아닌 것 같다.

감사는 주님을 만나야 될 것이다.

그동안 교회에서 모았던 건축헌금은 바닥이 났다. 그런데도 행복하다. 본부에 가서 세금감면과 등기를 위한 절차를 밟는데 우리가 모두 샀다고 하니 직원들이 "우와~~ 교회가 부자시네요."라고 말한다. 그 소리가 낯설게 느껴졌지만 한편으로 우리가 가진 역량이 얼마나 되는지 우리 자신이 몰랐구나 하는 생각이 들었다. 우리가 부자라는 생각이 든다.

감리교 본부에서 상주하는 법무사와 이런저런 상의를 하다 보니 교회 건축을 하는 다른 교회들의 형편과 여건에 비해 우리가 부자교회로 평가될 만 했다. 다들 어려운 가운데서 땅도 사고 교회도 짓는다. 땅을 사면서 그 땅을 담보로 땅값을 지불하기도 하고, 은행을 통해 대출을 받기도 하고, 땅을 마련하는데 만도 많은 부채가 발생한다.

그런데 우리는 땅이 두 군데나 있다. 물론 한 쪽을 팔고 나면 하나만 남겠지만 그 남은 하나도 우리에게 큰 자산이다. 본부에 가 보니 우리가 얼마나 행복한가를 느끼게 되었다. 은행에서 거절한 부족한 대출 걱정에 교회들이 몸살을 앓는다. 발을 동동 구른다. 넉넉한 자산을 가진 우리는 그런 걱정 할 것이 없다. 그것도 감사하다. 앞이 보이는 일이기 때문이다.

우리가 감사 할 수 있는 것은 그래서 환경의 문제가 아니다. 우리는 우리가 얼마나 행복한지를 잘 모른다. 땅 문제가 해결되니 하루가 가기 전에 바로 몸살이 온다. 그동안 긴장과 마음고생이 몸으로 나타나는가 보다. 그래도 오늘은 감사하고 행복하다.

4. 거룩을 모르는 쥐

목양실에 최근 손님이 자주 온다.

밤손님...

새벽에 불을 켜면 어항의 물고기를 노리다가 화들짝 놀라 바닥으로 뛰어내리며 달아난다.

아직 한 마리의 물고기도 잡혀가지 않은 것을 보면 어항은 이놈에게 철옹성인가보다. 이놈이 몇 번 눈에 띄었는데 문 앞에 영역 표시를 하고 갔다. 언뜻 보기에 꽤 커 보였다. 새끼를 가진 듯도 했다. 이놈이 재무부실에도 들어갔던 것 같다. 목양실 옆 재무실에도 흔적을 남겼다.

어쨌든 계속 불편한 동거를 할 수 없어서 부목사님에게 끈끈이를 사 오라고 부탁했다. 그리고 의자 뒤쪽 들어온 흔적이 있는 곳에 두 개의 끈끈이를 놓았다.

그런데 그 다음 날 이놈이 나에게 두려움을 준다. 자기를 해 하려 하는 줄 아는지...

자기를 건들지 말라는 흔적을 남겼다.

요즘 십자가를 모으고 있다. 특별한 십자가를 모아 교회에 전시 하려고 한다. 전에 십자가를 하나 얻어 와서 거기에 종이 실로 예수님의 모습을 만들어 매달아 놨다. 그리고 변화평 집사님께 두꺼운 털실로 십자가에 달리신 예수님의 모양으로 만들어 달라고 했더니 하나 만들어 오셨다. 내 의도한 모양은 아니지만 변집사님이 만들어 온 것이 그래도 내가 한 것 보다 낫기에 종이실과 털실을 함께 십자가에 매달아 놓았다. 그리고 목양실에 세워 놓고 매일 보았다. 그래도 볼 때마다 흐뭇했다. 이 십자가는 내게는 특별한 십자가다. 영국 웨슬리 신학교 기도실에 있던 십자가를 흉내 낸 것이었다. 언젠가 다시 모양을 더 잘 가꾸어야 하겠다는 생각을 하고 임시로 세워놓았다.

그런데 이 거룩을 모르는 놈이 이 십자가에 달리신 주님의 모양을 전부 끊어서 가져가 버렸다. 몇 개 흔적만 남기고 어디로 갔다. 공교롭게도 내게는 이놈이 경고의 메시지를 보내는 것 같다. 그 실이 아마도 필요했겠지...

새끼를 낳으면 깔아 놓을 포근한 보금자리가 되니...

그래도 한없이 괘씸하다.

내 마음에는 불경건죄에 해당한다고 심판했다.

그런데 쥐는 예수를 알까?

예수님이라면 새끼를 낳을 보금자리를 위해 필요한 물질로 예수를
바라보는 이 쥐를 용납하실까? 어미의 마음이 기특하면서도 내게는 불
경하다. 끈끈이는 놓았지만 아직 조금 더 있다 잡혔으면 좋겠다. 새끼들
이 조금 더 산 다음에...

고난 주간이 시작되었다.

하나님의 아들 예수는 그렇게 우리에게 희생이 되지 않았을까?

우리도 거룩을 모르는 쥐처럼 예수를 모르지 않았을까?

그분의 용납하심이 사랑이리라.

5. 거룩한 불순종

지난해 우리 교회 어떤 집사님이 땅 판매 대금 문제로 기도 중에 그 문제가 해결되면 필리핀에 교회를 지어서 봉헌할 마음을 가지셨다. 그 래서 어머니 김옥남 권사님께(지금은 장로님이 되셨다.) 상의하고 기도 하고 있었다고 한다.

그러던 중 들려오는 이야기가 문제가 해결되기 전에 먼저 필리핀에 아이타족을 위한 교회를 지을 수 있도록 헌금하겠다고 하는 것이었다. 참 귀한 믿음이라 여겼다. 그때 집사님이 새롭게 보였고 실천하는 믿음 이 있구나 생각했다. 교회 일에 적극적이지 않은 것만으로, 조용히 신앙 생활 하는 것만으로 사람을 평가할 수 없겠구나 생각했다.

얼마의 시간이 지난 후 필리핀 현지 정부의 이런저런 아이타족 정책 문제 때문에 교회 건축이 중단되고 처음 계획과는 다르게 교회 대신 지 역을 옮겨 교육관으로 전환하여 봉헌하게 되었다. 들려오는 소식에 그 집사님이 자녀들과 함께 봉헌식에 가고 싶어 한다는 말이 들렸다. 그래 서 선교사님에게 연락을 하고 봉헌 날짜를 정하고 감사패를 맞추고, 머 릿돌을 새기는 등의 일들을 진행하고 있었다.

며칠 후 그 집사님의 어머니 권사님이 오셔서 "봉헌식에 안 간다고 하 네요. 목사님께서 설득 좀 해 주세요. 목사님이 말씀하시면 순종하지 않을까요?"라며 부탁하신다.

그곳에 가서 아이타족의 삶을 보고, 선교의 의미를 아이들에게 가르치고, 선교에 대한 신앙의 눈이 열리면 그 집사님과 자녀에게 더 보람 있을 것 같았다. 그래서 직접 집사님께 전화를 했다.

"이런저런 좋은 점이 있으니 가세요!"
"목사님, 제 자랑하는 것 같아서 안 갈래요..."
"다음에 갈게요..."

거절이었다. 불순종이었다. 후에 곰곰이 생각해 보니, 그 집사님의 거절이 더 근본적인 신앙의 가치라는 생각이 든다. 사랑을 베풀고 그 베푼 사랑에 대해 인정받으려 하고, 보여주려 하는 신앙을 가진 사람이 우리 가운데 얼마나 많은가? 보이지 않는 손길과 사랑으로 섬길 수 있는 신앙적 성품과 양심의 근본이 그리스도인에게는 헌신보다 더 깊고 중요한 것이다. 그것은 마르지 않는 샘물 같은 것이기 때문이다.

그래서 내 마음 속에 그 집사님의 불순종이 '거룩한 불순종'이 되었다. 집사님 한 수 배웠습니다. 주님의 이름으로 사랑하고 축복합니다.

6. 겨자나무가 아니라도 겨자씨가 맞다

십여 년 전 배낭여행으로 갔던 성지순례지 예루살렘에서 겨자씨를 사 왔다. 예수님이 가신 십자가의 길을 따라 가다가 어떤 상점에 들어가 겨자씨를 달라고 했다. 대부분 탱자나무에서 씨를 훑어서 가져오면 너무 작아서 겨자씨인 줄 안다고 한다. 그래서 나는 탱자나무 찾지 않고 겨자씨를 상점에서 샀다. 깊숙이 숨겨있던 겨자씨를 아주 싼값에 샀다. 그것은 깨알보다 작고 의심할 수 없는 겨자씨였다.

이것이 아직도 내게 많이 남아있다 보니 지난번 우리 성도님들께 책 갈피를 만들어 드렸다. 한 알씩 코팅해서 줬는데 이것이 겨자씨일까?
하는 의문이 든다. 너무 작아서 의심을 안 한다.
그런데 뜻밖의 일이 생겼다.
에덴의 정원사 같은 전양택 장로님이 이 씨를 가져다가 심은 것이다.
전 장로님은 무엇이든 살려 놓으시는 손을 가지고 있다.
어떤 죽어가는 화초도 다시 살아난다.

그런데 이 씨가 심겨져서 성경의 말씀을 이룰 것인지 궁금하다.
"작은 것이로되 새들이 깃들 것"에 대한 희망을 볼 수 있을까?
성경에 나오는 겨자씨와 실제 겨자씨와는 차이가 있다.
삭개오의 뽕나무가 우리가 알고 있는 뽕나무가 아닌 것처럼...

우리와 문화적 차이로 우리나라에는 없는 씨앗임에 틀림없다.

그런데 그 작은 씨가 심겨져서 점점 크고 있다. 새를 깃들일 만큼...

걱정이 앞선다. 이것 사 왔는데 속아서 사온 것이면 어쩌지...

'목사님! 심어보니 겨자씨 아닙니다!!!' 이런 말은 듣고 싶은 말이 절대로 아니다.

그런데 그 심은 나무가 자란다. 쑥쑥...

그 작은 씨가 정말 새가 깃들만큼 컸다. 사실 나는 겨자나무가 어떻게 생겼는지 모른다. 그런데 모호한 그것이 자라서 교회 카페에 자리하고 있다. 깻잎 같기도 하고 하여튼 자란다. 얼마나 클지는 모른다. 나는 중간에 잎사귀를 따서 씹어보았다. 겨자 맛 같기도 하고 아닌 것 같기도 하고...

잘 모르겠다.

작은 씨에서 보고 싶은 크기...

새가 집 짓고 살 정도로 자라는 크기는 충분히 보여줬다.

그게 겨자가 맞는지 아닌지 확인할 길은 없다.

출처가 분명하지 않으니...

그런데 한 가지 확실한 것이 있다. 겨자라고 믿고 키우니 새가 깃들만큼 자랐다. 그러니 겨자가 맞다. 나는 굳이 확인하지 않으려 한다. 우리는 보고 싶은 것을 충분히 보았기 때문이다.

예수님이 보여주고 싶어 하셨던 것은 작은 믿음의 생명력이다. 생명이 있는 것, 믿음이 있으면 자란다는 것을 보여준다. 거기에 숨겨진 하나님 정원의 정원사의 손길을 가진 장로님이 계실 뿐이다. 그 불확실한 씨를 겨자로 만들어 주는 장로님의 손은 복되다. 그러니 겨자나무가 아니라도 겨자씨가 맞다.

7. 고통보다 큰 은혜

중부연회 부흥단 수양회가 베트남 다낭에서 있었다. 이번 행사에 주강사로 초청받은 나는 수요일 저녁까지 긴장감을 늦출 수가 없었다. 그래서 그런지 내 강의가 끝나고 수요일이 지나 목요일 점심때 탈이 났다. 갑자가 배가 조금씩 아프더니 이내 토사곽란이 일어났다. 눈앞이 캄캄하게 되고 토하고 설사하며 정신을 차릴 수 없었다. 앉아 있을 수조차 없었다.

다행히 마지막 날 일정을 목요일 새벽에 마친 터라 하루 종일 진행되는 프로그램은 중요한 것이 없었다. 병원도 여의치 않고 이러다 죽겠구나 싶었다.

손을 따도 피가 나오지 않고, 얼굴이 백지장같이 변한 내 모습을 보고 곁에 계시던 목사님께서 함께 남아주셨다. 나 때문에 전 일정을 포기하신 것이다. 참으로 고마운 목사님이시다. 그렇게 하기 쉽지 않은데 너무나 큰 사랑을 받았다. 그래서 "왜 이렇게 제게 잘해주세요?"라고 물었더니 민봉식 목사님이 특별히 명령하셨단다.

내게 사랑을 베푸셨던 목사님은 김포에 있는 양감중앙교회 이찬규 목사님이신데 처음부터 너무 잘해주셨다. 우리 지방 민봉식 목사님과 안면이 있어서 민 목사님께서 강사로 불렀으면 잘 대접하라고 신신당

부를 하셨단다. 전에 이찬규 목사님도 민 목사님께 도움을 받으셨던 경험이 있다고 하신다. 내가 민 목사님과 좋은 관계를 맺고 있지 않았다면 이런 과분한 친절과 도움은 없었을 것이다. 살면서 이런 좋은 관계가 좋은 사람을 만들어 가고 있는 듯하다.

몸은 아팠지만 덕분에 좋은 목사님을 만났다.

돌아오는 길에 비행기에서까지 끝까지 챙겨주시는 모습을 보면서 '사람이 이렇게 살아야겠구나!'라는 생각이 들었다.

내가 경험한 순간의 아픔이 삶에 영향력이 있을까 그 아픔 속에 만난 좋은 사람과의 관계가 내 인생에 더 영향력이 있을까?

이제는 삶을 들여다보는 잣대가 넓어지는 듯도 하다. 고통 속에 고통보다 큰 은혜를 찾게 하시는 은혜에 감사하다.

8. 과분한 섬김이 자랑스럽습니다

지난 7월 부평동지방 교역자 회의 공문에는 교역자 회의 후에 우리 교회에서 목회자들과 사모님들이 모여 친선을 도모하는 시간을 갖겠다고 공지가 되어 나갔다. 비전교회에서 교역자 회의를 한 후에 점심식사를 마치면 함께 모여 우리 교회 새로 만든 잔디구장과 카페에서 교제와 친선의 좋은 시간을 마련하고자 했던 것이다.

그런데 지방 교역자 한 분이 집안에 장례가 났다. 그래서 회의 후 교역자분들이 조문을 가야 하는 상황이 되었다. 조급해 지는 것은 나뿐이었다. 다른 목회자와 사모님들은 운동과 커피를 마셔도 그만 안 마셔도 그만이다. 그러나 나는 그렇지 않다. 교회에는 이야기해 놓았고 장로님들께서 그리고 여선교회에서 봉사하실 분들이 이야기가 되었다는 사실을 들었기 때문이었다.

점심 식사 때 시간 되시는 목회자와 사모님들은 꼭 들려주시라고, 교회에서 수박을 준비해 놓았을 것이라고, 그건 와서 드시고 가셔야 한다고... 하소연을 할 수밖에 없었다. 한쪽으로는 협박(?)성 멘트...

'이거 안 드시고 가시면 다음에는 기회가 없지 않을까요?'라는 말로 유도했다.

준비하신 손길을 허무하게 만들고 싶지 않았다.

그래서인지 감리사님을 비롯한 지방 임원분들도 먼 길을 가야 함에도 불구하고 다녀가셨다. 그리고 옥상에서는 족구로 친선을 다졌다. 우리 장로님들께서 우천으로 인해 고인 물을 제거해 주셔서 좋은 경기를 할 수 있었다. 풋살도 한 경기 했는데 오히려 무더위 없이 좋은 날씨였다.

사실 경기 중 수박만 준비해주시고 커피는 내가 내리든지 부 교역자들이 내리든지 서비스할 생각이었다. 그런데 우리 각 부서에서 달려들어서 이 일을 함께 하셨다. 마치 교역자 회의를 우리교회에서 한 것처럼 커피에 다과에 수박에...

카페 봉사하시는 분들이 참석해서 봉사했고 안내팀과 여선교회에서는 나와서 열심히 섬겨주셨다. 내가 생각했던 것보다 훨씬 많은 준비를 하셨다. 교역자 회의를 했던 장소가 자립 되지 못한 비전교회 이다 보니 간단한 음료만 대접했다. 그 대신에 우리교회에 와서 대접을 잘 받으시게 되었다.

행사를 마친 뒤에는 꼭 뒷말이 있기 마련인데 모든 목사님들께서 좋아하시고, 사모님들께서 좋아하셨다. 교회가 격이 높아지는 듯하다. 섬기는 일에 하나같이 한 마음으로 봉사하시는 모습에 목사님들의 부러움도 샀다. 나는 부러워하시는 목사님들께 한마디 더 던지며 자랑을 했다.

"나는 시원한 수박이나 한 통 준비해 주시라고 부탁했는데 이렇게 열심히들 섬겨주시네요"

우리교회가 모든 일에 하나같이 기쁨으로 감당해 주시니 주님과 교회의 영광이 된다. 좋은 소문이 점점 확장된다.

'과분하게 섬겨주신 모든 수고로움에 감사의 마음을 전합니다.'

'여러분의 과분한 섬김이 자랑스럽습니다.'

9. 교회를 사랑하는 마음

남양교회에서 목회하며 제115주년 교회사를 완성해 가고 있을 때, 교회의 여러 가지 재정지출이 늘어나 교회가 재정적인 압박을 받았었다. 은퇴하시는 목사님의 은퇴 시기를 맞춰 역사를 편찬하기를 원하셨기 때문에 꼭 그렇게 해 드리고 싶었다. 1200만 원에 한얼문학사와 출판 계약을 하기로 했는데 사정이 영 여의치 않았다. 그러나 꼭 필요한 교회 역사편찬이 미뤄질 수 없다는 판단이 내려졌다.

고민의 고민을 거듭하다가 궁여지책으로 생각하기를 교회사를 책으로 편찬하고 책의 뒷부분에 후원하신 분들 이름을 올려드리자...

그렇게 하면 어느 정도 해소되지 않을까?...

그 주에 교회 주보에 광고를 올렸다...

속으로 생각하기를

그래도 책에 이름이 나간다는데 마음이 쏠리지 않을까?

기대를 가지고 있었다.

그래 이렇게 해결하자!...

그러나 그것은 내 생각이었다.

그리고 며칠이 지나면서 괜히 이유도 없이 마음이 계속 편하지 않았다. 기도하다가 이것은 주님이 허락한 방법이 아니라는 생각이 들었다. 또 아내와 상의해도 마찬가지다. 내 생각대로 움직인 것이다. 교회에서 목회자가 성도를 상대로 묘한 의도를 비치며 현혹한 것이 되고 만 것이다. 내가 이렇게 목회하려고 해서야 되겠는가? 자책의 소리가 양심으로부터 들려왔다.

이내 마음의 불편함을 가지고는 더 설교와 기도를 계속할 수 없을 것 같아서 새벽 예배 시간에 성도님들께 고백했다. 그리고 그다음 주일 주보에서 교회사 편찬 후원 광고를 뺐다.

오직 교회를 사랑하는 마음만 받겠다고...

책에 이름을 삽입하기 위한 목적 있는 것이 아니라 교회를 사랑하는 진정한 마음으로 후원하는 것만 받겠다고 다시 정정해서 말했다.

그리고 부족한 것은 교회에서 어떻게든 감당하겠노라고...

그리고 며칠이 지났다. 늘 교회에 머물다시피 하시는 장명자 권사님이 교회 복도에서 봉투를 주신다. 구겨진 봉투 겉에는 노인의 글씨체로 이렇게 쓰여 있다.

"교회를 사랑하는 마음"

권사님의 봉투가 출판을 위한 넉넉한 금액은 아니다. 아니 턱없는 금액이다. 그리고 아직 출판하기 전이라 어찌 될 것인지도 알지 못한다. 아직 누군가가 더 후원의 의사를 밝힌 것도 아니다. 출판 비용의 20분의 1도 해결되지 못했다.

그러나 이미 내 마음속에서는 출판보다 더 큰 신앙의 전통이 마음의 심비에 새겨졌다.

"교회를 사랑하는 마음"

10. 그 누군가는 칭찬받아 마땅하다

지난주 목요전도대가 여러 곳으로 나눠 전도를 하러 갔다. 더운 날씨에 함께 하신 모든 분들께 감사한 마음이 들고 또 점심을 위해 수고해 주신 총 여선교회에도 감사의 마음이 든다. 여러 곳으로 나누어 간 가운데 내가 나간 곳은 새로운 지역 개척을 위해서 이마트 근처의 개천을 따라 형성된 공원이었다. 운동하는 사람, 건널목을 건너는 사람 등 많은 사람들이 그곳을 지나간다.

전도지는 물티슈와 주보 그리고 시원한 음료수.

언제나 전도를 하다 보면 우리가 만나는 수많은 사람들 중에 전도지를 곱게 받는 사람도 있지만 적극적으로 외면하는 사람도 있다.

냉정하게 뿌리치는 사람들도 있기 마련이다.

시원한 음료수조차 외면하는 분들이 있다.

한번은 두 분의 아주머니가 지나가신다.

그분들은 "필요 없어요!"라며 내 앞을 지나가신다.

그런 분들을 보면 늘 마음에 안타까움과 상함이 있다.

그런데 한 십 미터 가시다가 이렇게 말씀하신다.

"어? 갈월교회네! 그러면 받아야지! 다른 데면 안 받는데 갈월교회니까 받아야겠네!"라며 음료수까지 기꺼이 받아 마시고 가시는 것이었다.

두 가지 경우의 수가 생각났다.

'여러 교회에 실망했지만 갈월교회는 그런 교회가 아니다'라는 것의 경우고, 또 다른 하나는 '아는 지인이 갈월교회 성도인데 그분들께 아주 친절히 대했거나 남다른 좋은 관계를 맺고 있기 때문이다.'

내 생각에는 전도하다 보니 갈월교회가 어디 있는지 모르는 분이 훨씬 많은 것으로 보아서 첫 번째는 아마도 아직 아닌 것 같다. 그렇다면 두 번째 경우인데 우리 성도님들 중에 누군가 삶을 잘 살았다는 증거다. 어떤 경우든지 간에 마음이 환해지는 시간이었다. 아마도 그분들은 40% 이상 갈월교회를 향한 마음이 열린 분들일 것이다. 오늘 뿌려진 씨앗이 민들레 홀씨 되어 성령의 바람에 날아 들어올 날을 기대하자.

우리가 제대로 사는 것만으로도 하나님은 영광을 받으신다. 오늘 우리는 그 두 분 아주머니의 발걸음을 돌려놓았던 바로 그 누군가가 되어야겠다. 그 누군가는 칭찬받아 마땅하다.

11. 그것이면 충분하다 그러나

갈월교회 봉헌 10주년 느헤미야 성벽 재건을 위한 특별헌금을 드렸다. 건축 후에 오랜 대출금을 조금이라도 더 갚아서 교회의 순기능인 선교를 더 늘릴 수 있도록 하기 위해서였다. '원금을 조금이라도 상환하면 그만큼 이자가 줄어들어서 선교를 늘릴 수 있을 것이다'는 생각으로 시작했다.

그렇게 봉헌의 시간이 끝나고 한 성도님이 문자를 보냈다.

자신은 정말 봉헌 시간에 부끄러워서 소리내서 펑펑 울고 싶었다고 한다. 현재의 형편이 잠시의 어려움과 건강 때문에 마음껏 드릴 수 없는 상황이셨던 것 같다. 그래서 간절히 기도하기를 십일조 드릴 수 있는 가정이 되게 해 달라고 기도하신다고 한다. 예배를 마치고 돌아가셔서 어렵게, 어렵게 고민하다가 문자를 보내신다고 말씀하시며 마음을 쏟아 놓아주셨다. 그 긴 장문의 문자에는 그분들이 얼마나 이 일 때문에 마음 아파하고 있는지 보여졌다.

'속으로 그것이면 충분하다'는 울림이 생긴다.

그런 마음을 보게 된 것이 목회자인 내게는 얼마나 큰 축복인지 모른다. 그분들은 이미 많은 것을 드린 것이다. 어쩌면 마음을 깊이 드리지 못한 모든 사람들보다 가장 많은 연보를 드린 것인지도 모른다.

그런 의미에서 연보는 돈이 아니다.

교회가 단순하게 건물이 아닌 것처럼 우리는 그런 헌신된 삶에서 의미를 찾는다.

그리고 그분들께는 죄송한 마음이 그지없다.

어설픈 헌신 운운하다가 상처를 준 것이 아닌가 싶은 마음도 든다.

교회를 사랑함이 눈물이 되고 아픔이 되고 아쉬움이 되고 있는가?

나 자신에게 다시 한 번 물어본다.

어쩌면 우리는 그렇게 절박하고 애달프게 교회를 사랑하고 있지 않은지도 모른다. 한 성도님의 진정한 마음이면 충분하다. 그러나 헌신을 했다고 봉헌된 우리의 봉헌물은 충분한 그것이 아닐지도 모른다. 어쩌면 목사인 나도 가짜 마음을 담았을 수 있기 때문이리라.

12. 그리스도의 마음을 응원하다

지난 연말에 성탄절과 송구영신을 보냈다.
우리 교회는 월 한 번의 속회헌금을
사회복지 헌금으로 모아둔다.
이 헌금은 누구나 어려운 이웃을 위해 가져다 사용할 수 있다.
이것을 우리는 '이웃 찾기 구제기금'이라 부른다.
이번에 45만 원의 이웃 찾기 구제기금을 한 번에 쓴 일이 있다.

보통은 10-20만 원 정도를 한 가정에 지원하는데, 홀로 사시는 분들의 연료비나 기름값을 지불하여서 겨울나기를 돕기 위함이다. 그런데 이번에 거금(?)을 한 곳에 지원하게 된 특별한 이유가 있다.

감리교단인 협성대학교 신학대학원을 다니는 두 명의 전도사님이 있다. 함동민, 장모세 이 두 분 전도사님은 한 분은 졸업했고 한 분은 아직 신학생 신분이다. 그런데 이 두 분이 의기투합하여 몇 년째 해 오는 일이 있다. 매주 수원역 노숙자를 위해 자비로 빵을 나누는 것이다.

누구든 자신의 마음에 있는 선을 실천하는 것이 쉬운 것은 아니다. 그리고 지속적으로 실천하는 것도 역시 어렵다. 더군다나 풍성한 사람들이 아니고 자신들도 늘 부족한 신학생들이다.

신학생 시절을 지내본 목회자라면 그 신분이 주는 결핍이 무엇인지 잘 이해한다. 대학원생쯤 되면 성인이 되어 부모에게 손 벌리기 어려운 시절이 된다. 교회에서의 사역은 '교육전도사'라는 타이틀이고 그것은 적은 사례비에 등록금까지 해결해야 하는 어려운 시간을 의미한다. 너나 할 것 없이 어렵지만 모두가 자연스러운 과정으로 여기고 참아내는 시간이다.

이 두 분 전도사님은 거기다가 자신들이 하고자 하는 선한 일을 실천한다고 하니 부럽기도 하고 대견하기도 하다. 또 한편에서 부끄러움이 있다. 두 분은 이번 성탄절에 수원역에서 노숙하시는 분들에게 군용 모포 80개 지원 목표를 가졌다고 한다. 모두 마련하기 어려웠는지 동기 전도사님이나 선, 후배 전도사님에게 한 개씩 혹은 몇 개씩 후원받다가 내 귀에도 그 소식이 들어왔다.

우리는 조건없이 30개를 지원하기로 했다.

한 개 1만 5천원 합이 45만원. 더 많이 후원하면 좋겠지만 그분들의 마음의 몫이 있기에 전부를 후원하지는 않았다.

그분들의 마음의 몫은 바로 '그리스도의 마음'이다.

우리는 그 마음을 응원한다.

그리고 빼앗지 않아야 한다.

그리고 우리 삶에도 이런 마음의 씨앗이 자라서 좋은 열매를 맺기를 기대해야 한다.

13. "기념책에 기록하셨느니라."

　내가 갈월교회 부임할 때만 해도 직장에 나가셨던 건강하시던 김기수 권사님께서 일 년 4개월 조금 넘는 짧은 만남 후에 암으로 하나님의 부르심을 받았다.

　처음 암이 재발하셔서 병원에 갑자기 입원하셨을 때 심방 온 나에게 은혜받은 말씀 구절을 펴서 보여주시며 교회 건축이 얼마나 큰 복이었는지를 설명하셨던 권사님과의 뜻깊은 만남을 잊을 수가 없다.

　그 후 권사님은 변함없이 예배의 자리를 사모하셨다. 새벽기도 그리고 얼마 전까지 병원에 입원하셨다가 퇴원하시기를 반복하시면서도 1부 7시 예배에 정장을 하고 나오셨다.

다리가 부어서 더이상 정장을 입을 수 없을 때까지도 예배는 권사님의 삶이셨다. 그 와중에도 권사님은 죽음에 대한 두려움이 없으셨다. 분명한 믿음과 확신을 가지고 하나님께 자신을 맡기셨다. 그래서 주일마다 1부 7시 예배 후에 안수해 드렸다.

마지막 요양병원에서 투석하시며 중환자실에 가셨을 때 내게 말씀하셨다.

"하나님께서 저를 이 땅에 더이상 두실 이유가 없으실 텐데요..."
"왜 아직 여기 두시는지 모르겠어요."

권사님이 마지막 고통 속에서도 "삶보다 죽음이 유익하다"는 사도 바울의 고백을 하고 계신 것이다. 일반적으로 만났던 말기 암 환자들의 극심한 고통도 호소하지 않으시고 그렇게 잘 이겨내시는 분은 별로 없었다. 다만 다리가 부어서 조금 힘들다고 하셨다. 그렇게 기도의 시간을 보낸 다음 날에 권사님은 하나님의 부름을 받으셨다. 의식을 잃고 주님 품에 안겨 가시는 모습을 보면서 권사님이 가지셨던 믿음의 확신이 얼마나 부요한 것인가 다시 한 번 생각하게 되었다.

내 목회 여정에 기억될 권사님의 모습은 담대하고, 확신 있는 모습과 영원한 부활의 소망과 함께 마음에 기념될 삶의 이야기가 되셨다. 내게만 아니라 주님께도 그러하리라.

"여호와와 그의 이름을 존중히 여기는 자를 위하여 여호와 앞에 있는 기념책에 기록하셨느니라."(말 3:16)

14. 기쁨을 생각하는 습관

어린아이들에게 자꾸 눈길이 간다. 나도 모르게 그런다.

그런데 아이들이 표현하는 방법이 다양하다.

아이들의 표현이나 감정을 보면 그 결과에 상관없이 행복하다.

박후순 권사님과 박성숙 집사님의 늦둥이 딸 가온이는 새침데기이다

손을 뿌리치며 거칠게(?) 거절한다.

사람의 애간장을 태운다.

뿌리칠 때마다 좌절을 경험하지만 그래서 미운가?

아니다. 더 사랑스럽고 귀엽다.

김현득 집사님과 오성임 집사님의 자녀들 중 첫째 소명이는 늘 수줍은 인사와 미소를 준다. 둘째 보배는 예배 중에 눈이 마주치면 엄마 곁에 숨어 살짝 고개를 내밀어 내다본다. 그러면서 보배는 적극적이지 않게 미소를 보내고 뒤로 숨는다. 그리고 다시 또 내다본다.

주일학교 학생 중 큰 녀석 몇은 달려와 품에 안긴다. 한상우 권사님의 장남 한기주는 언제부터인가 예의 바른 인사 대장이 되었다. 둘째 꽃예지(예지를 나는 꽃예지라 부른다)가 언제부터인가 달려오지 않는다. 그보다 큰 여자아이 녀석들은 블레싱(머리에 손을 얹고 축복하는 것)을 위해서 손을 가슴에 모으고 머리를 내민다.

김정규 집사님, 신유정 집사님 셋째 아들 재민이는 번쩍 들어 안고서 배꼽에다 푸 바람을 넣어주면 자지러지게 몸을 비틀며 웃는다. 송달회 집사님, 유은주 집사님의 아들 시우도 특별히 그렇다. 나를 볼 때마다 눈 마주침을 위해 눈앞에 달려와 준다.

요즘은 가장 어린 석현이다. 이성관 집사님, 최은혜 집사님의 셋째 석현이는 발바닥을 만져주면 함빡 웃는다. 그 외에도 박명숙 집사님의 아들 어린왕자 현오, 신서준, 김성은 성도의 아이 샛별공주 채린이….

여러 아이들이 있다.

그 얼굴을 떠올릴 때마다 무언가 얻는다.

그 외에 다 열거하지 못하지만 만날 때마다 볼 때마다 아이들과 교감하고 교제하는 방법은 참으로 다양하다. 그리고 이것이 행복을 가져온다. 아이들에게는 불행을 생각할 틈이 없다.

행복한 일과 교제하지 않고 불안한 일상과 교제하면…

월드컵이 예선 탈락하고, 세월호의 그림자가 아직 남았고, 무장탈영병과 총기 사고가 있고, 총리 후보자가 낙마해서 세월이 어두울 수밖에 없다. 그러나 아이들처럼 세상이 아닌 다른 곳에서 온 행복은 세상이 준 것이 아니기 때문에 이러한 기쁨을 빼앗아 갈 수 없다.

그래서 요즘 모든 어려운 여건 속에서도 외치고 싶다.

"기쁨을 생각하는 습관을 갖자!"

그러면 "행복이 이긴다."

15. 꼬리가 개를 흔든다

속회 예배는 가정마다 찾아가 함께 삶을 나누고 말씀으로 교제하는 교회 안의 작은 교회다. 감리교회는 오랜 전통의 소그룹 모임인 속회의 전통을 가지고 있다. 오늘날 셀, 밴드, 다락방 모임 등의 다양한 각 교단 내의 소그룹 모임이 감리교회의 속회 운동의 영향으로 만들어진 것이다.

원래 속회는 영국에서 감리교회의 건물 부채를 해결하기 위해 성도들에게 모금을 하러 다니다가 생기게 된 것이다 모금 책임자들이 방문하는 지역 중에 가난한 지역은 단 1페니의 돈도 낼 수 없어서 오히려 도와줘야 하는 삶의 척박한 현장들을 알게 되었고, 가난한 사람들의 처지를 더 잘 이해하게 되어서, 교회에조차 나올 수 없는 가난한 사람들을 위한 돌봄이 시작된 것이다.

이러한 돌봄이 하나의 시작이 확대되어 1742년 영국 브리스톨에서 12명으로 조직되어 '신도회'란 이름으로 시작되었다. 성경 공부와 신앙 지도를 병행하였다. 꼬리가 개를 흔든다는 말처럼 작은 선한 동기가 영국 감리교회의 시스템을 바꾸고 이끌어왔다. 이 속회 운동에 영향을 받은 세계 교회는 오늘날 가장 건강한 교회 운동으로 소그룹 모임을 이해하고 발전 시켜 나가고 있다.

우리 교회는 매월 마지막 주 속회 헌금을 사회복지 헌금으로 지정하고 교우들이 스스로 찾아가서 가난한 사람들을 위해 쓸 수 있도록 하였다. 거기에 속회 운동의 처음 의미, 선한 동기를 담았다. 속회의 활성화는 단순한 예배와 성경 공부 그것 이상의 의미를 담아야 한다.

얼마 전 대광2속이 교회에서 목요일마다 속회를 드리겠다는 말을 들었다. 왜 교회에서 드릴까 의아해했지만 그 마음을 들어보니 아름답다. 대광2속에서는 교회 건축을 위해 기도해야겠다는 마음가짐을 모아서 속회를 교회에서 모여 그 시간이라도 나와서 건축을 위해 함께 기도하자는 취지의 마음으로 결정되었다고 한다.

꼬리가 개를 흔든다는 말이 있다.
속회가 감리교회를 흔들고 세계 교회를 흔들었다.
대광2속이 시작한 작은 실천과 선한 동기가
교회 전체를 흔들 수 있기를 기대해본다.

16. 꽃집보다 빵집

"꽃집에 아가씨는 예뻐요~~그렇게 예쁠 수가 없어요."
이런 노래 가사가 생각난다.
오늘은 꽃집보다 빵집이다.
우리 교회 빵집 아가씨들(?)에 관한 이야기가
우리 교회를 건강하게 한다.

담임목사는 사고를 잘 친다. 빵집 아가씨들 생각은 안 하고 덥석 주
문을 받아왔다. 이런 행동을 하는 데는 믿는 구석이 있다. '잘 해내실 것
이다...'라는 신뢰다.

나는 우리 지역 담당 경찰서인 삼산 경찰서 경목 위원으로 활동하고 있는데 경목위원 목사님들은 각 교단에서 여러분들이 활동한다. 주로 주변에 규모있는 교회 목사님들께서 하시는데 우리 교단 목사님들도 몇 분이나 계시다. 해마다 경목위원회에서는 경찰서 성탄 예배를 드리는데 직원, 전, 의경에 대한 단체 성탄 선물을 기증한다고 한다. 올해는 지난번 중부연회 원로 목사님들에게 대접했던 빵을 자랑삼아 삼산교회 목사님과 감리교 목사님들의 지원을 뒤로 엎고 가격 할인을 내세우면서 우리 교회가 유치했다.

'롤케이크익 520개' 나는 이 개수를 만만히 봤다. 만드시는 것을 보니 몇 날 며칠을 달려들어 만드셔야 하는 것이었다. 빵 굽는 기계를 하나 더 사자는 의견이 나왔다. 수 백만 원의 비용을 들여 더 사드리려니 계속 이런 주문을 받을 자신은 없고 내년에 더 많이 받으면 사겠다는 공수표를 날리면서 독려해 드렸다. 수 백만 원의 사업 주문이 겉으로 커 보이지만 실제로 인건비를 생각한다면 별로 남는 것이 없다.

그래서 덤 할인을 취소하고 전액 다 비용을 받았다.

우리 빵집 아가씨들은 이 빵 만드는 시간을 정말 행복한 시간으로 만드시는 재주가 있으시다.

누구 하나 인상 찡그리는 사람이 없다. 하하, 호호...

점심도 맛있게 만들어 먹고 힘든 내색이 없다.

나도 몇 번이나 밥을 얻어먹었다.

돈 벌어서 그럴까? 돈이 아니다.

재료비 빼고 남은 모든 금액을 건축헌금으로 내놓으신단다.

목욕비와 식사비를 빼드리겠다고 했지만

그것도 최순자 권사님께서 쏘~~셨다.

우리 아내는 미역국 사드렸다.

이렇게 저렇게 만들어진 건축헌금 260만 5천 원이 제단에 올려진다.

이름을 다 호명해 드리고 싶지만 내가 없는 사이에 다녀가신 분들이 있어서 혹 누군가 빼놓을까 적어드리지 못한다.

하나님은 다 기억하실 것이다.

와서 나처럼 밥만 얻어먹은 사람까지도...

어쨌든 빵집의 아가씨들 정말 예쁘다.

내년에는 봉사의 자리에 많은 변화가 있지만

나는 걱정하지 않는다.

달려와서 도와주는 사람들이 있었기 때문에...

내년에도 빵집의 아가씨는 정말 예쁠 것이다.

17. 나는 실패하고 하나님이 승리하시다

이번 부흥회는 참으로 은혜로웠다. 강사님도 훌륭하지만 선한 목적을 가졌기 때문이다. 이번 부흥회를 통해서 우리는 농촌 교회에 건조기를 지원하기로 결의하였다. 강사님도 사례비를 선교회에 기부하는 아름다운 목적을 가지셨다.

첫째 날, 둘째 날 시간이 갈수록 은혜를 누리는데 헌금이 부족하다. 헌금 강조를 절대로 할 수 없는 내 성격상 가슴앓이만 하고 있었다. 화요일에는 다시 한 번 이번 헌금이 목적 있게 쓰일 것임을 강조했다. 그런데 그것이 내 육신의 생각이었다. 강사님 사례비와 건조기 가격이 눈에 들어오는데 우리가 헌금한 감사로는 턱도 없어 보였다.

전년도에 비하면 턱없이 부족한 헌금 집계 상황을 보고 받으면서 속이 탔다. 그런 생각 때문인지 내 마음속에 분노가 올라왔다.

그리고 몇몇 중직들이 적극적으로 집회에 참석하지 않고, 감사도 없다고 생각하며 마음에 불평이 시작되었다. 그리고 내 마음속에서 몇 사람 중직을 선한 목적을 가진 이 집회에 협조 안 하는 사람으로, 말만 앞세우는 사람으로 매도하였다. 나 자신이 점점 은혜로운 성회의 본래 목적보다는 다른 관점에 목표를 세워가면서 분노해 가고 있는 타락한 나를 발견했다.

내 탓이 아니라 누군가를 탓하며 이 은혜로운 집회를 망치는 사람은 바로 나 자신이었다. 내 속 깊은 데서 회개하라는 소리가 들려온다.

'은혜를 누리는 성도님들을 위해 집회한 것이냐, 건조기 헌금을 위해 집회한 것이냐' '너 자신에게 다시 물어보라'고 하신다.

그리고 이내 내 마음에 꼬부라진 마음과 교만함의 고개가 숙여졌다.

'주님! 죄송합니다.' '회개합니다.' '용서해 주세요.'

많은 성도님들이 이번 강사님을 통해 은혜를 많이 받았다고 간증한다. 그 소리에 '나의 의지와 상관없이 하나님의 목적은 변함없이 성취되는구나'라는 생각이 든다.

'그 목적 이루시니 영광을 돌립니다.'

나는 실패하고 하나님은 성공한 집회라는 생각이 든다.

그래서 감사하다.

18. 나는 결코 혼자가 아니다

김기순 집사님이 계시는 요양원에 찾아가는 예배로 심방했다.

안타깝게도 집사님은 자녀분들이 신앙이 없어서 불교에서 운영하는 시설에 입소하셨다. 집사님의 머리맡에는 라디오가 극동방송에 맞춰져 있다. 예배도 없고 속회도 없고, 교회도 갈 수 없는 상황에서 신앙을 잃지 않으려는 집사님의 예배 방법이다. 그런 집사님을 교회가 찾아가는 것, 그것은 집사님의 남은 생애에 아주 귀한 선물을 받는 좋은 날이다.

그래서 기다리고 기다리신다.

집사님을 찾았더니 얼굴이 밝으시다.

얼마 전 아드님과 마도 어딘가에 식사를 하러 시설에서 나가셨다고 한다. 그런데 그 식당에서 어떤 분이 집사님을 아는 체 하시는데 집사님께서는 그분이 누구신지 도무지 알지 못하시겠더라고 하신다. 나도 언뜻 어느 권사님께서 식사하러 오신 집사님을 만났다는 이야기를 들었던 기억이 있다. 그런데 기억도 안 나고 잘 모르겠는 그분이 집사님을 아는 체 하시며 남양교회 다닌다고 반갑게 인사를 하셨단다.

그리고 그분이 교회에서 목사님께서 날마다 집사님을 위해 교인들과 함께 기도하신다고 전하셨다고 하신다. 김기순 집사님께서 말씀하시길 "그 소리를 들으니까 얼마나 힘이 나고 의지가 되는지 몰라요... 이렇게 혼자 있으니까 힘들었는데 목사님이 나를 위해 잊지 않고 계속 기도하신다니까 힘이 나고 외로움이 사라지고, 그 소리가 얼마나 나한테 힘과 의지가 되는지…"

누군가 전한 작은 소식 때문에 집사님은 자신이 혼자가 아니라는 사실을 알게 되셨다. 그래서 영적으로는 척박한 요양원 병실에서 어두웠던 얼굴이 밝아지셨다. 아마도 집사님이 잘 아는 사람이 그렇게 말했더라면 의례적인 위로려니 했을 것이다.

그런데 기억도 못하겠고, 누군지도 모르겠지만 얼굴은 본 것 같은 그분(모르는 분)이 전해준 소식이 때로는 더 힘을 준다.

우리도 부지중에 아름다운 일을 하는 일꾼이 되어가자.

"나는 결코 혼자가 아니다."
이런 사실을 받아들이는 삶이 쉬운 것이 아니다.
인생의 외롭고 힘든 길목에서 더욱 그렇다.
나는 결코 외롭지 않다.
이 사실을 믿음으로 각성하게 되면
우리는 이 넓은 우주 어디에 있어도 외롭지 않다.
주님이 함께하시기 때문에…

"참! 거기 성찬기 두고 왔어요. 다음에 가시는 분이 찾아와 주세요!"

19. 난 이래서 목사님이 싫어!!!

작은 실랑이가 벌어졌다. 송림1속에 심방을 가는데 가는 도중 차를 돌려서 최병용 권사님 밭으로 가자는 것이었다. 차 앞에는 남편 되시는 홍재혁 성도님이 오토바이를 타고 인도하시고 아동굴(밭이 있는 지역 이름)에 있는 권사님이 농사지으시는 밭으로 끌려(?) 갔다.

홍재혁 성도님이 목사님을 좀 드려야 된다고 말씀하시자 최 권사님 은 당장에 우리를 밭으로 끌고 가셨다.

거기서 실랑이가 벌어졌다.

종이박스 하나를 가져오셔서 고구마를 담으시는 것이다.

박스 아귀까지 다 차가는데 자꾸 담으신다.

그래서 외쳤다.

"권사님! 이제 그만 담으세요. 힘들게 농사지으신 것을 다 퍼주시면 어떻게 해요?!"

"으이구, 가만히 계셔. 난 이래서 목사님이 싫어! 더 담아가야지..."

더 담아주려고 하시고, 덜 담아가려고 하고...

실랑이가 계속되었다.

"목사님 싫어!"란 소리를 들으면서
"이게 우리에게 무슨 행복함인가...!"라는 마음에 사로잡힌다.
그날 무청 한 박스와 고구마 한 박스가 우리 집으로 이사를 왔다.
수확의 계절이 되어가나 보다.

요즘 우리 집 앞에는 이런저런 사랑의 사연을 담아 우리 집으로 이사
온 농산물들이 놓여진다.
고구마, 밤, 계란, 호박잎 덮인 호박 한 개, 검은콩,
또 농사 지어서 처음 짠 기름 한 병, 무청...
이 모두가 보석 같은 내 마음의 풍요함이다.
그 사랑이 나를 미소 짓게 한다.

감사합니다. 사랑합니다. 축복합니다.
모든 이름 다 담아드리지 못하지만 우리는 짐작합니다.
누가 이렇게 가져다 놓았는지...
"모두를 축복합니다. 그리고 사랑합니다."

20. 내 자리 만들기

총 여선교회에서 주관해서 이틀간 김장을 했다.

첫째 날 작년에는 달려오셨던 이성무 권사님이 안 보이신다. 양념을 버무릴 장소를 만들어 주셨는데 올해는 권사님 없이 만들었다. 그래도 잘 만들었지만 이게 남의 일 하는 기분이다. 권사님의 며느님이 병원에 계셔서 못 오셨다고 하신다.

다음날 기대를 저버리지 않으시고 권사님은 오셔서 함께 하신다.

두 번째 김장하는 구경꾼 같은 나 같은 사람에게도 권사님의 빈자리가 느껴졌다.

어느덧 김장의 자리에 권사님은 '내 자리'를 만들어 놓으신 것이다.

늘 교회의 김장은 머리 고기를 생각나게 한다. 김장을 얼마나 많이 하는지 그것보다 중요한 것은 한 자리에 모이는 것이다. 또 거기에 머리 고기 '동태탕'이면 금상첨화 이 모든 것이 갖춰진 완벽한 잔치였다.

그런데 몇 분이 파를 다듬으면서 이렇게 말씀하신다.

"이거 다듬는 것은 OOO 권사님이셨는데 올해는 안 계시네요"

한 해 동안 소천하신 권사님의 빈자리를 두고 하는 이야기이다. 아무도 예상치 못했지만 오늘은 그분의 빈자리가 마음에 닿는다. 이렇게 빈자리를 남겨주고 가신 분들을 생각하면 해마다 하는 똑같은 교회 김장 행사 같은데 다르다는 것을 느낀다.

"든 자리는 티 안 나도 난 자리는 티가 난다"라는 격언처럼 오늘 우리가 지켜야 할 자리가 언젠가 내가 없을 날이 있다는 생각을 하면 이 자리가 그렇게 소중할 수가 없다.

총 여선교회와 보이지 않는 곳에 있던 모든 섬김의 자리가 하나같이 소중하다. 함께 와서 김장김치 맛보며 잘 먹어준 나같은 사람의 자리도 떠나면 그리울 것이다.

그래서 우리 모두는 어느 한 사람 소중하지 않은 사람이 없다.

북적북적 그때가 되면 그리운 사람이 되자.

교회의 보이지 않는 곳에 '내 자리'를 만들어 보자.

내가 든 자리 티 안 나면 어떠리...

난 자리에 티가 나면 하나님이 받으실 예배가 될테니...

올해의 김치는 유독 맛있게 담가져 더 기억에 남게 될 것 같다.

21. 내게 일어난 일은 중요치 않다

'내게 일어난 일은 중요치 않다'는 말은 존 파이퍼의 "최고의 하나님을 맛보라"라는 책에서 나온 말이다.

한 알의 밀이 썩는다. 썩음은 죽음을 의미하는데 한 알로서 죽음은 종말이고 끝이며 모든 불행이지만, 부활 신앙에서 죽음은 중요치 않다. 죽음 자체가 아니라 그 다음에 썩음으로 일어나는 일이 더 중요하다. 그것은 생명이고 열매며 풍성함이기 때문이다. 내게 일어난 일이 아니라 나를 통하여 일어난 일, 하나님의 일이 더 중요하다. 한 알의 밀이 썩으면(하나님에 의해서) 많은 열매를 맺는다.

'하나님에 의해서'가 더 중요하다.

이병옥 권사님께서 병원에 입원하셨다.

허리가 말로 할 수 없이 아프셨다.

그래서 원광대 병원에 입원했다.

엠알아이(MRI)를 찍고 모든 검사를 다 해 보았다고 하신다.

그런데 원인을 알 수 없다고 한다. 계속해서 아픈 것이다.

우리가 방문해서 기도 할 때는 마음까지 무너져서 눈가에 눈물이 맺히셨다. 겉으로 강하신 분이 원래 속은 여리신 것이다. 속사람의 약함을 감추려고 겉사람의 강함으로 표현하는 사람들도 있다.

나는 목회자로서 마음까지 치료해 달라고 간절히 기도했다.

며칠 후 아내가 이야기 한다.

이병옥 권사님께서 병원 심방 때 '목사님께 기도를 받으신 후' 통증이 사라졌다고 하신다.

그래서 누워도 보고, 앉아도 보고, 걸어도 보고 괜찮아져서

그 다음날 바로 퇴원하셨다고 하신다.

나는 아내에게 "간증 좀 하시라고 해요!"라고 말을 던졌다.

그러나 그 날 병원을 나서면서 이런 일이 일어날 줄 생각도 못했다.

예전에 인천에서 개척교회 시절 교회에서 드럼을 가르치던 젊은 남자 집사님께서 허리와 어깨가 이유 없이 아팠다. 침을 자주 맞고 또 아프면 물리치료 받았는데 나중에 알고 보니 큰 병이었던 기억이 났다.

그래서 이병옥 권사님도 지금 입원한 병원도 큰 병원이지만 더 큰 병원에 가봐야 하는 것 아닌가? 라는 내심의 말을 흘리고 왔다.

그런데 기도 받은 후 나았다고 하신다.

그래서 내 자신의 믿음 없음을 회개했다.

이 말을 하는 것은 '내가 한 것이 아니다!'라는 것이다.

내게 일어난 일은 중요치 않다는 것이다.

그 일을 만들어 가신 하나님의 선하심이 중요하다.

난 능력 있는 목사가 아니다.

내게 일어난 일은 중요치 않다.

하나님에 의해서가 중요하다.

그분의 능력은 한이 없으시다.

22. 누가 진짜 주인인지 모르겠다

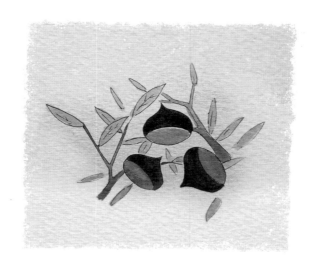

어느 날 이귀례 권사님이 망사 자루에 밤을 가져오셔서 맛있게 먹었다. 이귀례 권사님 댁에서 일만오천 평의 임야에 밤나무를 심었다고 하는 소리를 들었다. 그리고 지금은 알토란같은 밤이 수확되는 계절이다. 그런데 일만오천 평이 작은 평수가 아니다. 아마도 산이기 때문에 한 눈에 모든 곳을 볼 수 없는 듯하다.

그런데 이 산에 밤을 주우러 오는 사람은 여러 종류의 사람들 있다.

첫 번째 종류의 사람은 주인이다. 이귀례 권사님과 그 가족들, 두 번째 종류의 사람은 함께 일하는 일손이다. 그리고 세 번째 사람은 불로소득을 얻으려는 사람들이다.

이귀례 권사님 댁은 산에 철망을 칠 수도 없고 공짜를 바라는 사람들과 적당히 나눠먹는 미덕을 발휘하고 계신듯하다.

우리 성도님들은 간혹 두 번째 부류의 사람이 되어주기도 하신다.

새벽예배 끝나고 이귀례 권사님과 함께 밤 주우러 다녀오시곤 하신다. 아마도 일도 돕고 밤도 얻고...

어느 날 신영순 권사님께서 그 밤 밭에 가셨다고 하신다.

변두리에서 밤을 줍고 계신데 낯선 사람이 있더란다.

이내 그 낯선 사람이 신영순 권사님을 가까이에서 만나게 되었다.

서로 밤을 주우니 똑 같은 입장이라 생각했는지 모르겠다.

낯선 분이 먼저 신영순 권사님께 말을 건 낸다.

"어디서 오셨어요?" "남양에서 왔는데요..."

그랬더니 그 분이 하는 말, "아휴 요즘은 이사람 저사람 아무나 막 와서 주워가니까 문제야...!!!" 하더란다.

그 세 번째 종류의 사람인 낯선 여자 분이 신영순 권사님을 '아무나'로 몰아붙이며 자신이 주인인 척하신 것이다. 누가 진짜 주인인지 모르겠다. 그래서 신 권사님께서 "저는 주인하고 같이 왔는데요?"라며 대답하셨다.

그러자 그분이 말씀하시길...

"이렇게 변두리에 있는 것은 요즘은 함께 나눠먹는다나? 뭐라나?..."

그분은 이래도 저래도 그 밤의 주인이 되고 싶은 모양이다.

우리 그리스도인들은 부끄러운 욕심에 양심을 내버려두는 삶이 되지 말자.

23. 누구의 손길일까?

어느 주일, 밤사이에 눈이 많이 왔다. 주일부터 한 주간 길이 얼마나 미끄러웠는지 모른다. 아파트 그늘진 곳에는 여전히 눈이 한 주간 쌓여 있다가 겨우 비에 녹아내렸다. 눈이 온다는 것은 첫눈에 반갑고 그 다름부터는 걱정거리다.

지난주 토요일에 저녁 늦게까지 주일 준비를 하고 돌아갔다. 밤11시쯤 되었다. 그리고 밤사이 눈이 왔다. 주일에는 새벽예배가 없지만 주일 준비하는 목사의 마음은 늘 분주하다. 그래서 새벽 5시가 되면 목양실에 나온다. 그러니 교회를 비운 시간은 6시간 정도다.

그런데 그사이 눈이 많이 왔다.

그 시간에 교회를 오게 되면 지하주차장 문이 닫혀있다. 그래서 1층으로 내려가서 주차장 문을 열고 차를 안쪽에 주차한다. 주차장 내려가는 길이 약간의 경사가 있다. 그런데 그 새벽에 주차장 앞에 잠시 차를 세우고 걸어서 교회 안쪽으로 들어가려고 차에서 내렸는데 그 주차장에서부터 빗자루 자국이 보였다. 오고가는 사람 미끄러지지 않게 빗자루로 눈을 쓸어 누군가 길을 내 놓은 것이다. 교회에 들어오는 사람 미끄러지지 말라고...

누가 그랬을까?

그 새벽에 잠을 자는 일도 멈추고 교회에 와서 길을 만들고 갔을까?

새벽예배가 있어서 일찍 오신 분이라면 이해가 가지만, 주일에는 7시 예배가 첫 예배기 때문에 눈이 올 것을 준비하고 있지 않았다면 길을 낼 수 없었을 것이다.

우렁각시처럼 살며시 눈길 만들어 놓은 그 손길에 한 주간 마음이 쓰이고 축복의 마음이 저절로 간다. 누군가의 보이지 않는 헌신을 우리는 날마다 누리며 사는 존재다. 비록 누구의 손길인지 찾아볼 수 없었지만 그런 손길이 귀하다.

우리 교회에도 이런 분이 계시는구나! 가슴이 따뜻해지고 어깨가 펴진다. 누구인지 모르지만 진심으로 축복합니다! 새벽의 감동입니다!

우리도 누군가의 삶의 길을 쓸어주는, 앞서서 그런 넉넉하고 헌신적인 사람이 되었으면 좋겠다.

24. 눈치, 코치, 염치없는 목사의 감사

지난 주에 꽃꽂이 팀이 봉사를 시작한 후 늘 목양실에 있던 화병이 치워졌다. 우리 교회는 강단 꽃꽂이를 바꾸시면서 지나간 주에 쓰인 꽃들이 변신을 하여 감사하게도 교회 이곳저곳에 보기 좋은 모양을 내서 새로운 자리를 차지한다.

우리의 눈과 마음의 즐거움은 그렇게 네 분 권사님 김옥순 권사님, 김춘옥 권사님, 나헌수 권사님, 곽노정 권사님의 손길을 통해서 우리에게 선물이 되어준다. 그리고 그 선물은 감사하게도 목양실과 새 가족실에도 한 자리씩을 차지한다.

그 후 솔직한 심정으로 손님이 목양실에 찾아오시거나 지방 목사님들이 오시면 목양실에 꽃이 있는 것이 우쭐하고 자랑스러웠었다. 그래서 선교사님이나 지방 목사님 혹은 다른 손님이 오시면 일단 '생명나무 카페'에서 차를 마시고(이때 꼭 카페의 운영에 대해 자랑을 한다. 우리 교회가 가진 선교 비전과 구제에 대해 카페가 열려졌다는 사실을...) 다시 목양실을 들어오시도록 유도(?)를 한다.

거기에는 예쁜 꽃꽂이 화병과 몇몇 잎사귀 푸른 식물들이 있기 때문이다. 그런데 지난 금요일에는 그 화병이 치워져 있었다. 그리고 백합이 한 묶음이 목양실 탁자에 놓여있었다. 그래서 금요일에 꽃꽂이하시는 권사님들께서 꽃꽂이를 하시다가 마무리를 못 하고 토요일에 하시려고 화병을 빼놓고 꽃을 더 꽂으려고 잠시 목양실에 두었는가보다 생각했다. 그래서 손도 안대고 그대로 내버려 두었다.

속으로는 '권사님들이 바쁘셨나보다 화병을 두시는 것을 잊어버리실 만큼...' 이런 생각을 하면서 '내일 하시겠지!'라는 너그러운(?) 마음으로 지나갔다. 그런데 그 다음 날도 그대로 있었다.

'꽃꽂이 마무리를 안 하셨나...'

드디어 백합 다발을 자세히 들여다보았다. 그랬더니 그것은 평범한 신문지에 싸인 백합이 아니었다. 예쁜 포장지에 리본 묶음이 되어 있었다. 그리고 촛농으로 꽃 송이 송이의 하단마다 덮어있었다. 아마도 그 상태로 오래가도록 하기위한 장치인 것 같다. 그것은 백합 꽃다발이었다.

눈치, 코치, 염치없는 목사가 그렇게 하루를 지난 후에 그 꽃의 의미를 알게 되었다.

전도사님에게 "이거 누가 이렇게 가져다 놓았습니까?"

물어본 후에야 '스승의 날, 어버이날'이 함께 모여 있던 그 주간인 것을 알아차렸다. 그리고 김옥순 권사님께서 거기에 개인적으로 나를 위해 두었다는 사실을 듣게 되었다. '아이고, 눈치, 코치, 염치없는 목사가 바로 이런 것이구나!!!' 김옥순 권사님!!! 그리고 꽃꽂이로 늘 애쓰시는 권사님들 모두에게 진심으로 감사드립니다.

이제 눈치챘어요!!! 어제 김이남 집사님 댁에서 드신 저녁 생선구이는 눈치, 코치, 염치없는 목사의 고마움의 표현입니다. ^^

모두 모두 사랑하고 축복합니다!!!

25. 늘 마음이 가는 사람

늘 마음이 가는 사람이 있다. 그런 사람은 보이지 않는 곳에서든지 보이는 곳에서든지 마음이 간다. 성도님들이 다 같아야 하겠지만 그 가운데에서도 특별히 마음이 가는 사람들이 있다. 환우 분들, 어려운 일을 당하신 분들 또 특별히 사랑의 관계를 맺고 섬겨주시는 분들에게 더 그렇다.

그러한 분들을 만날 때마다 위로가 되는 것은 '하나님께서 함께하시는구나'라는 믿음이다. 어려울 때에도 그분들을 하나님과 교제하며 살아가신다. 힘들 때도 그렇다. 내가 위로해 주지 못할 시점이지만 그분들은 늘 하나님과 함께 있다.

그래서 목사가 모든 성도를 다 사랑해야 하지만 솔직히 더 마음 가는 곳이 있다. 그런데 그 끝자락에 하나님이 계시면 그래도 안심이 된다.

우리 교회 김순례 집사님이 계시다. 연세가 연만하시다.

그런데 그 집사님께서는 11시 예배 때마다 내게 질문하시는 말씀이 있으시다.

"목사님 우리 아들 왔어요?"

그것이 제일 궁금하시다. 아드님이신 안희용 성도님은 9시 예배에 나오신다. 아드님이 철없는 20대 혹은 30대도 아니다. 50대도 훨씬 넘었다. 그런데도 김순례 집사님께는 늘 마음이 쓰이시는가 보다.

"예, 집사님 요즘 예배 잘 드리셔요. 오늘도 나오셨어요!" 하면 금세 어린아이처럼 얼굴이 환해지신다. 얼굴에 미소를 지신다. 몇 년이 흘렀는지 셀 수도 없지만...

나는 강대상에 서면

늘 그 아드님이 앉으시는 그곳에 눈길을 먼저 둔다.

이제는 내가 먼저 만나면 말씀드린다.

"집사님, 오늘 아드님 예배 잘 드리시고 가셨어요!"

무엇이 김순례 집사님께 기쁨이 되는지 나는 잘 안다. 아마 안희용 성도님도 그러한 것을 아시는 것 같다. 아드님이신 안희용 성도님께서 빠지지 않고 9시 예배 나오시는 모습을 볼 때 나도 행복하다. 두 분이 보이지 않는 곳에서 어떻게 서로를 위하는지 볼 수 있기 때문이다.

늘 마음 가는 사람, 그 사랑을 받는 그리스도인은 행복하다.

26. 더 사랑하고 싶어서

언젠가 청첩장이 왔는데 항공권이 왔다. 그래서 깜짝 놀라 살펴보니 청첩장 모양이 항공권과 같은 모양으로 온 것이었다. 그 안에는 항공권 양식에 맞춰 결혼식 안내를 하고 있었다. '이거 독특한데!'라는 생각이 들었다. 어떤 청첩에는 신랑신부 두 사람의 사진을 넣고, 어떤 것은 종이접기처럼 독특한 모양으로 하트를 걸어 놓기도 했다.

요즘은 청첩에도 톡톡 튀는 아이디어들이 많다. 결혼 풍습과 청첩 풍습의 독특함과 개성은 다양성의 사회에 주류를 이루며 삶을 웃게 만든다. 얼마 후면 결혼할 유재익 장로님, 한상미 권사님 첫째 딸(유혜연 자매)의 결혼식 청첩장을 받았다.

거기에는 독특한 디자인이나 아이디어는 없지만 첫 장에 쓰인 문구가 마음에 들어왔다. "더 사랑하고 싶어서 결혼합니다!"라고 문구가 되어 있었다. 청첩장을 디자인한 회사의 작품인지 결혼 당사자들의 의견이 반영된 것인지 모르지만 아마도 많은 청첩문구 중에 선택을 했을 것이다. 그것을 읽으며 '이것이 정답이네!'란 마음속의 외침이 울렸다. "더 사랑하고 싶어서..."

이 마음이면 결혼의 본질을 제대로 꿰 뚫어본 것 같다. 남은 결혼 생활을 잘 해낼 수 있으리라. 모두가 결혼을 목표로 열심히 사랑하지만 정작 결혼은 결혼 생활의 시작일 뿐 아니던가! 결혼식보다 중요한 것은 결혼 생활이다. 청첩장 디자인보다 중요한 것은 두 사람의 사랑의 마음가짐이다.

요즘은 결혼식도 다양하게 한다. 주례 없이 하는 결혼식도 있고, 신랑신부 부모님이 하는 주례도 있고, 처음부터 이벤트 하는 곳도 있고… 너무나 다양하다 보니 오히려 교회에서 하는 결혼식이 더 특별한 것 같다. 사실 시간의 제약도 별로 받지 않고 결혼의 엄숙한 가치도 존중되고…

이번 장로님의 자녀 결혼식은 교회에서 한다. 그것이 반가웠다. 또 두 사람을 만나보니 하나님이 든든한 미래가 되실 것이라는 확신이 든다. 서로 다른 두 사람의 길을 융합하시고, 하나로 만들어 앞으로 나아가게 하시는 삶의 멋진 여정이 기대된다.

결혼할 두 사람이 복되고 형통한 삶을 살게 되시기를 축복해 본다.
"더 사랑하고 싶어서…"가 활짝 꽃으로 피어나서 행복한 열매가 항상 함께 있기를 축복해 본다.

27. 더 탁월한 영적 도약!!!

사랑의 바자회를 토요일에 처음 열어서 여선교회, 남선교회 모두가 수고했다. 사회봉사부도 수고를 많이 했다. 그 가운데 청장년과 20부 여선교회가 바자회를 통해 나눈 기쁨의 특별함이 눈에 보인다.

이번에 청장년과 20부 여선교회가 바자회에 적극적으로 참여했다.

추억의 불량식품(꼭 '기호식품'이라고 말해 달라는 부탁이 있었음에도 나는 이 말이 좋다.)과 뽑기, 솜사탕...

아직 사용될 소명이 남아있으나 쓰임 받지 못하던 물건들이 집 밖으로 나와서 진열되어 있기도 했다.

바자회를 통해서 대단한 수익이 남지는 않는다. 그럼에도 의미 있는 돈벌이를 통해서 의미 있는 일을 하게 되는 과정에 그리스도인의 기쁜 봉사가 있다.

바자회가 다 끝나고 청장년과 20부 여선교회는 수익금 전액을 가져왔다. 느헤미야 성전재건 특별헌금 봉투에 담아 왔다. 그 의미가 무엇인지는 우리 모두가 짐작할만하다. 이것만으로도 칭찬받아 마땅한데 주일 오후에 식사 초대를 하였다. 장로님들과 목회자들을 초대하여 삼겹살 파티를 하는 것이었다. 속으로 '이거 배보다 배꼽이 더 큰 거 아닌가?' 라는 생각이 들었다.

바자회해서 수입으로 번 것보다 초대된 수십 명(거의 40명은 되어 보인다.)이 소비한 먹은 고기값이 훨씬 더 드는 것은 아닌가?

이러한 내 마음속에 약간의 불신(?)은 이내 깨끗이 씻겨졌다. 청장년 부부 몇몇이 힘을 합하여 이 모든 사람들을 대접하는 것이다.

이유는 없다. 무슨 날도 아니고 목적이 있는 것도 아니다.

바자회를 정말 은혜롭게 끝낸 것에 대한 표현이다.

어쩌면 배보다 배꼽이 컸을 수도 있다. 그런데 청장년과 20부 여선교 회가 얻은 보람과 기쁨의 값은 고기 값에 비할 바가 되지 못한다.

무엇 때문에 그리고 어떤 일이 이런 타산이 맞지 않는 지불을 가능하 게 할까? 거기에는 바자회를 위해 수고하고, 애쓰며 함께했던 경험으로 얻은 소중한 자산이 가져다주는 기쁨의 값과 자신감의 값이 아닐까 생 각한다.

바자회도 탁월했다.

그러나 그 후 나눔은 더 탁월한 영적 도약이다.

28. 화려한 장미 독을 품다!

목양실 어항에 물고기가 많았었다.

아주 작은 놈들이지만 얼마나 생명력이 긴지 새끼를 낳아서 그 새끼들도 잘 자라가고 있는 터였다. 내심 어항 속의 물고기도 자꾸 새끼를 가지니 기분이 좋았다. 10여 마리 식구가 늘어서 처음에는 낳은 새끼를 잡아먹더니(아마도 전문가의 말에 의하면 단백질 보충을 위해 그렇게 한단다) 최근에는 새끼들이 잘 자라서 개체 수가 점점 늘고 있었다.

그리고 목양실에는 꽃과 화분이 항상 있다.

꽃꽂이 팀이 항상 관리해 주시니 감사하다.

그리고 어느 날부터인가 주일 예배 때 새 신자를 위해 사용하던 송이 장미가 남아서 김지연 집사님과 강선미 집사님이 그 꽃을 작은 유리병에 꽂아 목양실에 놓아주시기 시작하셨다.

빨간 장미가 보기에 좋았다.

꽃과 어항은 목양실의 가장 아름다운 관상품이 되었다.

8월 첫 주 월요일 날 지방회 목사님들이 교역자 회의를 마치고 우리 교회 가까운 곳에서 식사를 하셨다. 식사 후에 배병완 목사님이 당진지방으로 떠나게 되어 아쉬운 마음에 우리 교회 목양실에 젊은 목사님들이 모이기로 하였다. 그래서 식사하러 가기 전 목양실에 들렸다.

그런데 유리 꽃병에 담겨있던 장미가 시들어서 내다 버렸는지 꽃은 보이지 않고 빈 병만 있었다. 그리고 병에는 꽃을 담갔던 물이 남아있었다. 밖에다 버릴까 하다가 무심코 어항이 보여서 그 물을 어항에 부었다.

'물고기는 물에서 사니 굳이 밖에 버릴 필요 없겠구나...'

'어항에 물도 줄어들었으니 조금이라도 보태자...'

생각 없이 어항에 그 물을 보충했다.

그런데 식사 후에 목양실로 돌아왔는데 이게 웬일인가?

물고기가 전부 죽어있다.

청소 물고기 한 마리만 굳세게 버티고 있는 것이다. 작은 관상용 물고기들은 전부 죽어서 바닥에 가라앉거나, 물 위에 뜨기도 하고...

원인을 모르겠다. 특별히 문제가 될 것은 그거 하나뿐이다.

누군가 그 장미에는 독성이 있다는 말을 해준다. 또 그 장미를 싱싱하게 하기 위해 염분에 담근다고도 한다. 그래서 그 물에 독성이 있을 것으로 추측이 되었다.

그러나 내가 부은 물은 한 컵 정도에 지나지 않았는데...

물고기에게 너무 미안한 마음이 들었다.

애써 변명거리를 찾아도 물고기들은 이미 죽은 뒤다.

가장 아름다운 꽃 중 하나인 장미가 품어 둔 치명적인 독은 목양실 어항 속에 풍성하던 생명의 세계에 종말을 가져왔다.

오늘 내가 포장하고 있는 가장 충성스럽고, 아름다워 보이는 신앙이 독을 품은 외식적인 것이라면 어쩌면 교회 공동체에 무심코 던져버린 꽃병의 물처럼, 많은 이들의 영혼을 죽게 할 수 있겠구나 싶다.

교회 안에서 성도의 신앙생활에 있어서도 아름다움과 화려함을 가진 사람들을 본다. 이 사람은 항상 열심을 가졌다. 항상 중요한 자리에 자신이 서야 하고, 자신의 생각을 관철하려 한다. 그래서 자신은 항상 화려한 인정과 더불어 좋은 일꾼으로 보여 지기를 바란다. 그러나 그러한 열심을 가졌음에도 일하면서 다른 사람과 부딪히고, 다른 사람을 인정하지 않는다. 또 다른 이에게 함부로 말하고 상처를 주는 것을 많이 본다. 일도 잘하고, 충성하고 봉사하는데 독이 있는 성도가 있다.

독을 품은 장미의 삶이 되지 말아야 되겠다.

조금 덜 화려하고, 아름다움이 인정받지 못하더라도 독이 없는 삶으로 살다 가야 되겠다.

29. 돌발행동

아들 녀석 시험 기간이다. 지난주 공부를 시켰는데 공부할 마음이 영 없어 보인다. 무성의한 태도로 책만 보고 있다. 밑줄 그으며 읽고 중요한 것에 체크하고 그렇게 하라고 해도 턱을 괴고 앉아서는 초점 없는 눈으로 아래만 바라본다.

잠시 화가 나서 "그렇게 하려면 들어가 자라! 나는 네가 한 시간이라도 공부가 되게 네 마음을 다해 하기를 원한다. 하기 싫으면 들어가 자!"라고 목소리를 높였다.

그런데 이 녀석이 그런 내 목소리를 듣더니 벌떡 일어나더니 자기 방에 들어가서 누워버린다. 얼마나 야속한지…

그런 돌발행동에 며칠간 냉각기를 가졌다.

확실히 못 말리는 사춘기인가보다…

이럴 땐 나도 어떻게 해야 할지 모르겠다. 반항하는 것인지…

살다 보면 돌발행동으로 자신을 표현하는 방법이 있다.

그러나 그것이 상대방에게 얼마나 상처를 주는지 모른다.

나는 처음으로 아들에게 상처를 받는다.

사실 돌발행동은 "나를 좀 봐주세요. 나를 이해해 주세요"라는 투정이다. 그리고 돌파의 방법이다.

그러나 그것은 건강한 방법은 아니다. 그것은 불성실과 게으름의 표현이다. 잔소리로 들렸던 언어에는 또 다른 의미가 숨겨져 있기 때문이다. 사랑의 마음이 있기 때문이다.

원로 코미디언 구봉서 선생님이 나와서 자신의 코미디 인생을 말하며 이런 말을 한다.

"코미디는 웃기는데 잘 들여 다 보면 그 웃음 뒤에 슬픔이 거기에 있다. 그런 것이 코미디이다"

돌발행동으로 선악과를 따먹은 아담을향한 하나님의 징계에 또 다른 사랑이 숨어있는 것처럼, 웃음 뒤에 눈물이 숨어 있는 코미디처럼, 그런 의미를 찾는다면 돌발행동은 없을 것이다. 영적이든지 육적이든지, 삶에 있어서든지 죽음에 있어서든지, 신앙에 있어서든지...

돌발행동 하지 맙시다.
당신을 가장 사랑하는 사람에게 상처를 주게 됩니다.

30. 뒤늦은 감사

4월에 선교사님들이 많이 한국에 들어오신다. 부활절이 지난 그 다음 주에 감리교회 연회가 있기 때문이다. 이때 한국에 들어오신 선교사님들은 한국에 머무는 동안 한 달여를 자신을 후원해주던 교회의 초청을 받아 선교 보고를 하게 된다. 우리 교회도 그랬다. 4월에 목회자들은 특별한 경험을 한다. 바로 나눔에 대한 감사가 생긴다. 보이지 않게 선교사님들을 격려하시는 분들 덕분이다. 우리 교회에도 그런 분들이 있다는 것에 큰 감사를 드린다.

지난 한 주간은 냉면 때문에 인사를 많이 받았다. 강신희, 이종순 권사님의 사업장에서 우리 성도님들도 가끔 드시게 되었던 냉면을 어려운 교회에 공급해 주셨다. 시골에 있는 교회들을 소개했고 다섯에서 여섯 교회에 60개에서 120개씩 공급을 해 주셨다. 아마도 그 교회들이 이번 주는 맛있는 냉면으로 점심을 준비 할 것이다. 그런데 감사 인사는 내가 대신 다 받았다. '원님 덕에 나팔 불었다.'는 속담처럼 택배를 받은 교회 목사님들께서 내게 고맙다고 전화들을 하신다. 곰곰이 생각해 보니 이 두 분에게는 감사하다는 말에 인색했던 것 같다.
그동안 여러 번 교회에서 만두며, 냉면을 먹었는데...
또 찬양대 발표회, 또 이번에 경로잔치...
가운데 이 두 분의 헌신이 늘 있었음을 알고 있다.

그런데 한번은 심방 중에 강신희 권사님께서 "하나님께 축복받는 비결"을 알고 있다는 말씀을 하셨다. 보이지 않게 섬기는 것을 통해 하나님의 축복의 손을 발견하시는 것 같다. 그 말씀에 공감이 백배다. '체험적, 경험적 신앙의 축복을 속에 간직하신 분이시구나!'라는 마음을 가졌었는데 그래서 그랬는지 담임목사인 나로서는 한 번도 감사하다는 말씀을 드리지 못했다.

축복의 비밀을 지켜드리느라고(?)…

문득 정신이 번쩍 들었다.

내가 지금 감사인사를 받을 때가 아니다.

감사를 돌려드려야겠다는 생각이 들었다.

그래서 이렇게 지면으로 뒤늦은 감사의 인사를 대신 드리려 한다.

'두 분 권사님 감사합니다~~~^^'

'두 분의 기업과 가정을 사랑하고 축복합니다!'

내가 정말 부러운 것은 두 분의 기업이 아니라 두 분의 삶에 깊이 숨은 사랑의 나눔이다.

"부디 감사의 인사를 자주 못 해도 이해하시고 감사의 인사를 늘 받은 걸로 해주세요."

31. 땅끝

김홍규 선교사님 선교지를 방문했다. 세계 기상학자들이 우려할 만한 가장 강력한 태풍의 영향권 아래에 선교지를 올라갔다. 비바람과 길거리에는 나무들이 쓰러져 있었다. 약속한 사람들과의 약속이 소중해서 폭풍 가운데에도 올라갔다. 나무 아래에서 모이던 모임은 한 작은 가정집에서 모였다. 현지인들도 3분의 1정도밖에는 참석을 못 했다.

매서운 비바람이 부는데도 선교사님은 올라가야 한다고 하신다. 속사정을 들어보니 외진 지역 작은 바닷가 마을에 흉흉한 일이 있었다. 장기밀매를 위해 아이들을 인신매매해 간 사건이 있어서 외지인들을 극도로 경계한다고 한다.

그 경계심을 풀고 마음으로 환영하게 된 계기가 약속을 지키는 일이었다고 한다. 헌신해 주신 분들의 손길로 학용품과 선물 그리고 간식을 사고 비바람을 뚫고 깊은 산을 지나 작은 바닷가 외진 마을을 찾았다. 피리와 잘 못 전하는 말씀이지만 내가 영어로 하면 한 자매가 현지어로 통역을 하면서 은혜롭게 마쳤다.

어린이들을 모아 놓고 사역하는 다른 지역을 한군데 더 돌아보고 거기서 말씀을 전했다. 그 지역은 영어를 알아들어서 그래도 감사했다. 정말 감사한 것은 그 지역에 자기 집을 개방해준 성도가 있다는 것이다.

비록 양철지붕에 빗방울 소리로 시끄럽고 다 들어올 수 없어 비좁은 집이지만 열심히 찬양하며 이방인 선교사에게 영혼과 배고픔에 대한 삶의 목마름을 호소하며 희망을 거는 사람들의 마음을 느낄 수 있었다.

주일이 지난 후에 마닐라 한인 중앙교회로 이동했다. 시골과는 다르게 그곳에서는 도시의 아이들을 위한 15개의 교회와 교회 내 어린이집을 운영하였다. 그 교사들을 모아 2일간 세미나를 하고 하루는 그 지역을 방문하였다. 나는 그동안 산족인 아이타족과 시골 지역만 선교지역으로 삼았는데 이번에 도시 빈민들의 처참한 삶을 경험했다.

아무리 애써도 가난이란 헤어 나올 수 없는 올무에 갇혀 사는 사람들이 보였다. 창살 없는 감옥 같은 환경...

쓰레기 마을에 어린이 선교원과 무료급식을 하는 것과 아이들을 가르쳐서 그 환경을 떠나게 하는 것 밖에는 방법이 없다.

거기가 땅끝이었다.

선교지는 항상 땅끝이다.

헤어 나올 방법이 자신에게는 없는 곳이다.

누군가 "앞으로 나가면 땅끝은 항상 내 뒤통수다"라고 말했다.

지구는 둥그니까...

하나님의 마음으로 세계관을 갖게 되면 그곳이 어디든 땅끝이다.

물리적 땅끝이 아닌 진짜 땅끝.

절망밖에 없는 곳에

누군가의 도움의 손길이 없으면 안 되는 곳이 땅끝이다.

32. 떴다 떴다 비행기

많은 사람들이 하나님에 대한 이미지를 가지고 산다.

어떤 사람에게는 아버지, 어떤 사람에게는 아들, 어떤 사람에게는 성령. 삼위일체 하나님의 이미지가 삶 속에서 경험되어진다.

그동안 나는 하나님에 대한 이미지가 아버지와 같은 준엄함이 있는 분으로 더 많이 인식되었다. 그래서 한편으로는 여성스럽고, 섬세한 하나님에 대한 그리움(?)이 있었다. 그래서 섬세하게 만지시고 터치하시는 하나님의 친밀감을 경험하고 싶었다.

이번 필리핀 여정을 다녀오면서 하나님께서 얼마나 섬세하게 우리를 돌보시는지를 경험했다. 원래 우리는 값싸고 비용부담이 덜 되는 작은 항공을 이용하려 했다. 그러다 보니 인터넷 최저가를 찾게 되었다.

그래서 크고 안전하게 생각되는 우리 국적기를 예약하지 못하고

세금을 포함해서 279,000원에 마닐라 저가 왕복항공권을 예약했다.

그런데 뜻밖의 행운이 찾아왔다. 인터넷으로 주문한 회사가 K항공 프로모션이었는데 동일한 가격에 K항공으로 교체해 주겠다는 것이다. 그때 내 마음의 반응은 "아하! 내게도 이런 좋은 일이 생길 때가 있구나!"라는 생각이었다. 나는 행운권 추첨에서도 제대로 뽑혀 본 적이 없다.

어떤 사람은 추첨할 때마다 뽑힌다는데 나는 그런 부류의 사람은 아닌 듯했다. 그런데 이런 좋은 일을 경험하니 어쨌든 기분 좋은 일이다.

기내식도 맛있고 한국말 해도 되고 편안하고, 영화상영도 가능한 비행기다.

처음에는 그저 기분 좋은 일이었는데 그것이 하나님의 보이지 않은 섬세함이었음을 깨닫게 되었다. 필리핀에 도착하는 날 태풍이 마닐라를 지나가고 있더니 오는 날에는 또 하나의 태풍이 형성되었다. 공항까지 오는 길에 시내가 물이 가득 차서 여러 길을 우회하면서 왔다. 맞은편 도로는 이미 정지 상태로 꼬리에 꼬리를 물고 자동차가 서 있었다.

우리가 움직이는 도로는 아직 침수가 안 돼서

공항까지 시간 내에 갈 수 있었다.

작은 감사가 흘러나왔다.

그리고 공항에 도착했는데 박희영 선교사님께 전화가 왔다.

네슬리 목사님 말이 태풍으로 마닐라 공항에 비행기가 운항이 취소되었다는데 어떻게 되었는지, 갈 수는 있겠는가 걱정하는 전화였다.

작은 비행기들은 전면 취소 결항 되었다.

이미 공항에 진입한 우리 비행기는 1시간 지연되면서 하늘을 날았다.

그 후 한국에 돌아오니

필리핀에 물난리에 대한 소식이 뉴스에 계속 들어왔다.

하나님께서 우리의 비행기를 바꾸셔서 날아오르게 하신 것이다.

선재- 일어날 모든 일을 먼저 아시는 하나님께서 우리가 모르는 그 순간에도 우리를 섬세하게 이끌고 계셨다.

"떴다 떴다 비행기 날아라 날아라 높이 높이 날아라 우리 비행기"

를 타게 해 주셨다.

33. 또 하나의 감사

지난 수요일 노인대학 때 머리 하얀 한 어르신이 내 손을 붙잡고 잠깐 보자고 말씀하신다. 이럴 때 대부분은 노인대학에 와서 공짜로 식사하고 즐겁게 지내는 것이 미안해서 봉투에 한 5만 원 넣어서 소풍 때나 아니면 농사짓는 것 가운데 조금 가져오셔서 기부해 주실 때다.

그런데 이 어르신 손에는 특별한 것이 들어있지 않았다. 대신 가방에서 손으로 짠 수세미, 냄비 받침 같은 것을 주신다.

그러면서 말씀하신다.

"전에 있잖아 조끼? 그거 내가 떠 준거여! 내가 전에 말했었죠!"

몇 해 전에 내가 주책 맞게 설교 시간에 어렸을 때 누군가 손으로 떠 준 조끼가 그렇게 입고 싶었다고 말했더니 그걸 기억했다가 진화순 권사님께서 어디선가 떠서 가져오셨었다. 그때 많이 눈물로 감격했다. 그리고 교훈도 얻었다. 그때부터는 무언가 필요했던 것이나 필요한 것들에 대해서는 내가 조금 조심해서 말한다. 그때 얼마 지나지 않아서 노인대학에 나오시는 어르신이 지나가는 말로 "그거 내가 떠준거여?"라는 말을 들었다.

그분이 바로 이분이셨다.

김시록 어르신...

그런데 이 어르신이 오늘 내게 큰 선물을 안겨주신다.

"나 이번 주 주일부터 교회 나올 거예요!"

나는 눈이 번쩍 뜨였다. 얼른 두 손을 잡아드리며 "아휴, 아주 잘 생각하셨어요!"라고 말하며 반색을 했다.

얼른 성함을 적었다.

연락처도 적었다.

그분의 사연은 이랬다.

전에 젊었을 때 수원 종로교회에 다니셨다고 하신다.

그런데 장사를 하다 보니 주일에 나가기 힘들더라고 하신다.

또 때만 되면 무슨 일이 생기고... 그러다가 20년 넘게 쉬셨다고,

그래서 전에 정수연 어르신도 60년 만에 교회에 다시 오셨다고 90세가 다 되셨다고, 잘하신 일이라고 말씀드렸다.

그랬더니 '나도 88세...'라고 언뜻 말씀하시는데

내가 보기에는 70세 조금 넘어 보이셨다.

젊게 사신모양이다.

조끼 떠 주실 때 돌아올 사인을 주신 것을 내가 못 알았구나...

정말 감사한 마음속에 깊고 애 달픈 주님의 음성을 담은 메아리가 들려왔다.

"돌아오라! 돌아오라! 내 백성아 돌아오라!"

"보이지 않고 들리지 않지만 끊임없이 부르신 하나님의 외침에 응답하신 어르신을 축복합니다."

"어르신이 회복된 것이 제게는 또 하나의 감사입니다."

34. 마음을 대필하다

"하나님은 내게 너무나 무서우신 하나님입니다!"

안평란 권사님께서 대 심방 가운데 하신 말씀이다.

저는 목회자로서 우리 성도님들이 영적 두려움에 매여 살기를 바라지 않는다. 그래서 하나님을 무서운 하나님으로 표현하면 걱정이 된다. 그런데 이야기를 들어보니 사연이 있었다.

안 권사님께서는 남편을 먼저 주님 품에 보내시고, 아픈 마음으로 홀로 지내시다가 최근에 이별의 상처를 극복하고 소일거리를 찾아 일하는 기쁨으로 살고 계신다. 예전에는 두 달을 식당에서 일하셔서 한 푼도 쓰지 않으시고 서원해서 건축헌금을 하셨던 기억이 있다.

이런 권사님께서 이번에도 오후에 식당에 가서 일을 도우며 지내신다고 하신다. 남편을 먼저 보내시고 너무 많이 사랑하고 안타까워한 탓에 눈물로 지내시던 날들을 잘 아는 저는 권사님께서 이런 일이라도 하셔서 보람을 가지시는 것이 안심이 된다.

그런 권사님께서는 식당에서 일을 돕다가 사장님 사모님과의 대화 내용을 이야기하신다. 사장님 사모님께서 권사님께 말씀하시기를

"그 연세에 어떻게 그렇게 건강하세요? 한 번도 아프지 않으시고..." 라고 물으셨다고 하신다. 이때 권사님은 마음속으로는 "하나님이 지켜주셔서 그렇지요!"라고 말하고 싶으셨다고 한다. (그 사장님 사모님은 아버님이 장로님이신데도 신앙생활을 하지 않으신다고 하신다.)

권사님의 속마음으로는 항상 다시 교회로 나가서 믿음 생활을 회복하기를 바라는 마음속의 생각이 간절했다고 한다. 그런데 마음과 다르게 겉으로 튀어나온 말은 "예, 우리 아들이 산삼해 주어서 그렇지요!"라는 대답이 튀어나왔다고 한다.

　　그런데 그 순간 갑자기 한 번도 없었던 어지럼증이 찾아왔다고 한다. 온 주변이 뱅뱅 돌고 도저히 참을 수 없는 고통이 왔다고 한다. 간신히 정신을 차리고 남은 일을 하면서 겉으로는 표현을 못 했지만 그날은 너무도 힘든 날을 보내셨다고 말씀하셨다.

　　그래서 권사님 마음속에 하나님께서 들려주라는 말씀을 하지 못한 것에 대한 책망으로 그 모든 상황이 이해되셨다고 한다.

　　제가 대신 이 글을 통해 그때의 진정한 대화를 정정해드리라고 한다.

　　"건강은 지금까지 지켜주신 하나님의 은혜입니다"

　　그리고 그 말과 더불어 사모님께 꼭 들려주고 싶은 진짜 이야기를 들려드립니다.

　　"아버지의 하나님이 다시 찾아지고 꼭 예수 그리스도께로 돌아가세요!"

　　이 글은 교회의 주보에 실리는 글이지만,

　　제가 알지 못하는 한 사람을 위한 글입니다.

　　인생을 조금 많이 사신 한 분의 마음을 대필해서 제가 씁니다.

　　얼굴도 이름도 모르지만 그분의 마음을 읽어주시기를…

35. 마음의 청소

나는 책을 보는 습관이 깔끔하지 않다. 그리고 이 책 저 책 들여다보다가 다 본 책 중에 괜찮은 책은 가까이에 쌓아둔다. 언제부터인지 다독하던 읽기 습관이 정독으로 바뀌었다. 그래서 책에 줄을 쳐가면서 읽는다. 그리고 읽은 것들 중에 다음에 한 번 더 읽고 싶은 부분은 옆에다 세로로 줄을 긋는다. 읽고 난 후에는 지적 포만감이 생기는 듯하다. 그래서 이 책은 좋은데 하고 본 책은 가까운 곳에 쌓아둔다.

그런데 늘 경험하는 것이지만 그렇게 다 본 책을 다시 본다는 것은 어쩌다가 일어나는 일이다. 대부분 망각하는 기억을 대신해 보상심리로 주변에 읽은 책들이 있을 뿐이다. 그런데 막상 정리하려면 잘 안 된다. 이사할 때 책을 다 버리면 좋겠다고 말하면서도 막상 정리할 때는 '그래도 혹시'라는 미련이 책장을 어지럽힌다.

얼마 전 목양실의 어수선함과 퀴퀴한 냄새들이 눈에 거슬리신 두 분 권순자 권사님과 김지연 집사님께서 목양실을 뒤집어 놓으셨다. 나는 그래도 미련이 남아서 이곳은 건들지 마시고, 저곳은... 이렇게 내 영역을 말했다. 그런데 얼마 후 합세한 아내가 내게 묻지 않고 세 분이서 완전히 깔끔하게 정돈 해 버렸다. 아침에 와서 책상에 앉았는데 완전히 새로운 분위기다. 그런데 한 쪽 마음에 후련한 기분이 든다.

내가 미련 갖고 버리지 못했던 것들이 눈앞에서 사라지니, 미련과 집착의 세속의 때들이 깨끗이 마음속에서 청소가 된 듯하다. 시원 섭섭...

미련을 버리지 못해 정돈하지 못했던 책들이 사라지는 것을 경험하면서, 그리고 오히려 시원함을 경험하면서, 비우고 버려져야 채워지는 것들이 있음을 다시 한 번 생각하게 된다.

'내 인생에 내가 치우지 못할 것들이 있었구나!'
'누군가의 도움이 필요한 청소도 있구나!'
'마음의 집착을 버리지 못하고 미련스럽게 붙들고 있던 것들, 그것이 아무것도 아닌데 중요한 것처럼 붙들고 있었구나!'

쌓여있는 책에서 마음을 떼어내니 행복하다. 그 책들처럼 헛된 기대를 끝까지 잡고 있는 삶처럼, 내 삶의 괜찮아 보이지만 아무것도 아닌 것들에 대해서 하루라도 빨리 비워내야겠다. 내가 시원한 삶을 자꾸 찾아야겠다. 권순자 권사님, 김지연 집사님, 그리고 내 안의 해...

마음까지 치워주셔서 고맙습니다!

36. 마음의 화해

얼마 전 박영순(여) 권사님이란 분이 목양실에 찾아왔었다. 평창으로 이사를 가신다고 하신다. 그분은 한 번도 교회에서 뵌 적이 없는 분이었다. 그런데 배를 한 상자 사 오시고 감사헌금을 주고 가셨다. 그러면서 남편이 목사님께 인사를 꼭 하고 가라고 하셨단다. 그러면서 평창에 땅을 사서 전원주택을 짓는 과정에서 여기에 있던 집이 잘 팔려서 하나님의 은혜로 건축이 순조로웠다고 하신다. 그리고 이제 이사 가시면서 그동안 교회를 나오지 못해서 죄송하다고 그러나 인사는 꼭 드리고 가야겠다고 하시며 찾아오신 것이다. 정말로 그 마음이 고마웠다.

아마도 그동안 갈월교회 다니시며 축복을 많이 받은 듯하다.
그래서 그냥 떠나는 것이 죄스러운 마음이 있었는가 보다.
내게 이렇게 말씀하신다.

"제가 힘드니까 사람만 보였습니다. 그러면 안 되는데 사람을 보게 되더라고요. 목사님께는 너무 죄송합니다."
이분이 나를 찾아오지 않고 떠나도 별문제가 없을 텐데 안면이 한 번도 없던 내게 찾아왔다는 것에 교회를 향한 그 마음을 조금은 짐작이 간다.
지난번 교회를 출석하다가 먼저 평창으로 이사 가신 권사님께서는 찾아와서 "목사님! 제가 이제는 마음에 맺힌 것이 없이 다 풀고 갑니다. 제가 목사님께는 그러면 안 됐는데 죄송합니다. 그리고 너무 감사합니다." 그리고 평창으로 가셨다. 박영순 권사님도 말일에 이사 가신다고 하셨으니 지금은 강원도에서 교회를 출석하고 계실 것이다.

우리는 마음의 문제를 잘 다룰 능력이 없다. 그렇기 때문에 하나님을 의지하고 기다리는 시간이 필요하다. 삶에서 마음의 문제를 풀어 보는 것이 익숙해져야 한다. 우리는 "안 보면 되지... 혹은 상대 안 하면 되지..."라고 마음의 문제를 해결하려 한다.

그러나 그러한 방법이 이 두 분의 경우에 얼마나 큰 괴로움을 주었는지 모른다. 마음을 풀지 않으면 그것은 내 삶에 쓴 뿌리가 되어 평생을 괴롭힌다. 마지막 자락에 마음의 문제를 마주 대하고 평창으로 가신 분들은 큰 선물을 자신에게 준 것이다. 그것이 자신을 사랑하는 방법이다. 나는 그분들을 축복했고, 그분들은 언제든 공기 좋은 평창에 꼭 오셔서 쉬시다 가시라고 초대하신다. 주소도 모르는데... 내가 가고 오고의 문제가 아니라 그것이 자신과의 마음의 화해라는 것을 우리는 안다. 사람만 보이는 자리를 떠날 수 있는 축복의 선물이다.

37. 마지막 남을 본성이 중요하다

남양 교회에서 목회할 때 일이다. 홍성옥 권사님께서 소천 하셨다. 송림 1속은 오랫동안 지명이름으로 속회가 구성되어 왔다. 내가 처음 남양 교회 부임 할 때 60대 초반이나 중반이셨다. 그땐 아직 기력이 남아 있으셨다. 그래서 무엇이든 잘 하셨다. 그러다가 서서히 세월이 흘러가면서 지금은 거의 모든 분들이 80세를 바라보신다.

그 가운데 홍성옥 권사님은 몇 년 전에 수원에 있는 요양병원에 입원하시게 되었다. 처음 일 년 정도는 목사인 나를 알아보고, 기도도 받으며 아멘 하셨다. '우리 목사님'이시라 불러주셨다. 그리고 얼마 후 권사님은 나를 알아본다고 하셨지만(아는 척하셨지만), 정확히 알지 못하셨다.

그 때에 '남양교회'라는 이름은 분명히 알고 계셨다. '남양교회 알죠!' 라고 대답하신다. 그리고 열심히 찬송 부르셨다. 그 다음에는 기력이 없으셨다. 그러나 찬송은 잊어버리지 않으셨다. 아니 찬송 부르는 것을 잊어버리지 않으셨다.

홍성옥 권사님의 가장 깊은 본성은 예배와 찬송과 교회였던 것 같다. 그 다음은 목회자였다. 건강하실 때 심방을 가면 집에 있던 채소들이나 무엇을 주시던 기억들이 있다. 권사님께서 하나님께 부름받기 전까지 마지막은 자신이 원하던 길이 아니셨을 것이다.

그렇게 약해져 가시는 과정을 거쳐 주님 앞에 이끌린다.

우리 또한 모두가 그 길을 간다. 그런데 그 길에 권사님께 마지막 남는 것이 있다. 그것이 삶의 본성에 가장 깊은 이야기리라. 어쩌면 우리가 하나님 앞에 서게 될 때 그 본성에 남은 것으로 평가받지 않을까 생각이 든다. 땅에서 무명한 삶을 사신 것 같으나 일평생 새벽기도와 예배의 삶을 사시고 그리스도를 영접하여 믿음 안에 살았던 신앙의 여정은 결코 평범한 길이 아니다. 땅의 무명은 하늘에서의 무명과 다르다. 오히려 하늘에서 유명한 삶이 되시리라. 얼마나 사모하고 생각하고, 사랑했으면 마지막 본성 안에 교회와 찬송과 예배를 감추었겠는가?

오늘을 살아가는 우리는 정말 원치 않는 길을 가게 될 때 남을 우리의 본성적 남김이 무엇이 될지 생각하며 살아가야 하겠다.

우리 인생에도 어떤 때가 오면 지금 내가 가장 사랑하는 것 그것이 본성으로 남으리라. 혹 주님이 허락하지 않은 다른 것을 남겨 부끄럽지 않도록 살아가야 하겠다. 우리 자신의 마지막 남을 본성이 중요하다.

38. 만나의 축복

인도네시아 김덕수 선교사님이 지난 수요예배를 다녀가셨다.

그 선교사님과 대화하다가 특별한 단어를 많이 사용하는 것이 느껴졌다. "이건 뭐지?!"였다. 선교사님은 16년째 인도네시아에서 선교하고 계시다. 그러다가 파송교회의 담임목사 교체 과정에서 파송교회를 잃어버렸다. 하루아침에 파송교회를 잃어버리고 당황하고 있던 차에 훌쩍 2년의 세월이 흘러가고 있다.

((그런데 막막하던 그때에 놀라운 일들이 벌어졌다고 한다. 자신이 현지 신학교의 교수가 되고, 주변에 있던 사람이 다른 교단 목사여서 현지인 교회에 가서 설교하게 되고, 또 자기 교회의 성도가 소개한 사람으로부터 세계 최고의 휴양지 발리에서 풀 빌라에 가족이 다 초청되어 (사용료가 하루에 50만 원도 넘는다고 한다.) 평생 처음 누려본 놀라운 선물을 받게 되었다고 한다, 그 인도네시아 성도가 소개한 사람은 한국의 주먹계 출신이었다가 그곳에서 사업하는 사람이라고 한다. 처음에는 두려워서 어떻게 할 줄 몰랐는데 "이건 뭐지?!"라는 의문의 삶이 계속되면서 내려지는 하나님의 은혜가 넘쳐나는 것을 경험하고 계시는 것이다.))

그때마다 "이건 뭐지?!"라는 소리를 계속해서 말씀하신다.

한국에 들어올 때 한 번도 자신을 초청해준 교회가 없었다. 자신이 불러 달라고 할 만큼 친분이 있는 것도 아니다. 그런데 올해는 들어오기도 전에 먼저 연락이 와서 교회들이 선교지 소식을 듣고 싶어 하신다고 한다. 16년 선교사 생활에 처음으로 한국에 머무는 일정 동안 모든 예배 시간에 다 초청되었다고 한다. 선교사님이 또 "이건 뭐지?!"라는 말을 꺼낸다. 우리 교회에서도 몇몇 성도님들께서 "이건 뭐지?!"라며 깜짝 놀라게 하였다. 설교 사례비 외에 몇몇 분이 선교비를 주시는 분들이 있었고, 또 계좌로 두 딸의 이름으로 보내신 선교비가 입금되는 것을 경험하면서 깜짝 놀라 "이건 뭐지?!"의 은혜를 입고 있다.

광야에서 이스라엘 백성이 처음 본 만나를 보고 "이것이 무엇이냐?"라는 말이 바로 '만나'라는 단어를 만들었다. 그건 하나님의 전적인 은혜다. 선교사님에게는 파송교회와 후원을 잃음으로 하나님의 일하심이 선명하게 보여 지는 것이다. 만나의 축복, 목회의 비밀!

'내가 일하면 하나님이 쉬시고 하나님이 일하시면 내가 쉰다.'
'내가 다 일하면 하나님은 일하지 않으시고 내가 하지 못하면 하나님이 하신다.'

39. 말씀이 나를 읽는다

재의 수요일에서 부활절까지 40일(주일은 뺀)을 사순절 기도 집중 기간으로 가졌다. 마지막 고난 주간에 특별 새벽기도는 하지 않았지만 40일을 영적 순례의 시간으로 생각하며 부활주일 아침까지 왔다. 사순절 첫째 주일에 우리는 붉은 가시로 된 십자가를 교회에 설치했다.

매일 동일한 말씀에 내 삶이 읽혀지고, 동일한 말씀을 양식으로 먹으며 고난주간 성금요일에는 점점 빛을 잃어서 어둠으로 달려가는 흑암 예배를 통해 주인 잃은 교회 공동체가 되었음을 선언하고, 일종의 장례 예식 같은 비통함으로 가시로 된 십자가를 보며 주님의 돌아가심에 마음으로 동참했다.

침묵과 금식을 통해 더 주님의 마음을 알아가는 시간을 가졌다.

그리고 드디어 부활주일 새벽에 준비된 신부인 성도는 흰옷을 입고 다시 어둠에서 촛불을 밝히며 점점 밝아 오는 부활의 아침을 맞았다. 그리고 마침내 부활이 선언되었다.

"예수님께서 부활하셨습니다!"

그리고는 선혈이 묻어있는 것 같은 붉은 가시 십자가에 하얀 안개꽃과 수국을 가져다가 모든 가시를 가리며 부활의 시간을 상징하고, 십자가에 헌화했다. 그 십자가는 더 이상 가시가 보이지 않았다.

이 모든 여정이 하나의 말씀이다. 거기에 순례의 의도가 있었다.

우리가 가진 시간은 성서의 시간이다. 내가 말씀을 읽은 것이 아니라 말씀이 나를 읽어 구원하시는 은혜를 체험하기 위해, 내가 주님을 찾은 것이 아니라 주님이 나를 찾은 것처럼…

그 경험은 말씀에 읽혀지는 건강함을 위한 것이었다.

내가 말씀을 읽으면 내 신앙이 되지만 말씀이 나를 읽으면 말씀 신앙이 된다. 하나에서 하나, 하루에서 하루로 보면 보이지 않지만, 전체로 보면 사순절을 우리는 말씀으로 살았다.

말씀이 우리를 읽어 살아가게 했다.

우리가 말씀에 읽혀졌다.

말씀이 나를 읽는다.

이런 은혜도 있다.

부활이 나를 찾아온다.

말씀에 읽히는 삶이 가장 건강하다.

그것이 진정한 신앙이기 때문이다.

40. 말하기 싫어도 말해야 할 것들

김포에 지방 목사님들과 개척하고 수리하는 교회에 갈 일이 있어서 다녀왔다. 가는 길에 아내는 김포에 가까이 계신 이연숙 집사님을 만나겠다고 따라나섰다. 내가 목사님들과 볼일을 보는 동안 아내가 이연숙 집사님을 심방하고 와서는 집사님의 간증에 너스레를 떤다. 멀리서 매주 예배에 오시는 집사님께 감사한 마음은 늘 있던 터라 나는 그 너스레를 받아줬다.

그리고 아내는 이 이야기가 공동체 이야기에 들어갔으면 좋겠다고 청탁을 한다. 용돈도 한 푼 안 주면서도 당당하게...

그래서 나는 단호히 거절했다.

"싫어! 꼭 헌금하란 이야기 같잖아~~!"

그리고 이내 새벽예배 후 자리에 앉았다.

헌금하라는 이야기인가? 혹 다른 이야기인가?

결론은 말하기 싫어도 말해야 할 것이 있다는 것이다.

그러나 헌금 이야기가 아닌 다른 방식의 삶을 생각해 보기로 했다.

이야기는 이렇다. 이연숙 집사님께서 사업을 하고 계시는데 월말에 너무 어려워서 아는 분께 경제적 도움을 받을 처지에 이르렀다. 그런데 집사님의 마음속에 하나님께 감사 해야겠다는 마음이 드셨다고 한다.

그래서 어려움에도 사업장 이름으로 감사를 했단다. 많은 액수는 아니지만 그래도 마음을 하나님께 드렸다. 그랬더니 원래 월말에는 일이 절대로 들어오지 않는데 (그 이유는 월말에는 며칠이 안 돼서 결재를 해줘야 하기 때문에 그렇다고 한다.) 감사 후에 월말인데도 일이 들어와서 그것으로 모든 것을 해결했다고 하신다. 감동적이다. 여기까지는 우리가 많이 들은 이야기이다. 그런데 타락한 우리 양심은 꼭 헌금 이야기 같이 들린다.

오감과 육감으로 사는 사람이 있다. 물질 의존적인 사람이 그렇다. 모든 것의 사고 중심에는 항상 눈에 보여야 하는 결과물이 필요하다. 삶의 태도를 결정하는 방식이 외적이다. 이런 사람은 항상 표적을 구한다. 헌신한 것에 대한 마땅한 보응을 원한다. 이런 삶은 표적이 없으면 실망한다.

그러나 '영감'으로 사는 사람이 있다.

삶의 방식에 차이가 있다.

이런 사람은

손해나는 일이라도 마음속 깊은 데서 의미를 찾아내고 실천한다.

그리고 조건 없이 먼저 감사한다.

이러한 삶은 결과보다 과정이 중요하다.

그리고 이렇게 되기까지

그 과정에서 얻어지는 삶의 방식의 전환이 있어야 한다.

이런 사람은 삶을 결정하는 방식이 내적이다.

어떤 결과가 나와도 실망하지 않는다.

어떤 삶의 방식이든 옳거나 그르다고 말할 수 없다.

모두가 개인적 삶의 방식이니까!

현실적인 추구든지 내적인 추구든지 둘 다 중요할 수 있다. 그러나 믿음의 풍성함을 경험하는 것에서는 차이가 난다. 마음이 가는 길이 다르다. 사실 현실적인 사람이 늘 이익을 보는 것 같지만 그렇지도 않다. 그것은 불안에서 오는 생각일 뿐이다. 오히려 내적인 풍성함이 삶에 더 큰 이익을 줄 수 있다. 지금까지 살아온 삶의 방식을 사려 깊게 살피고 삶의 방식에 변화를 줄 필요가 여기에 있다.

이연숙 집사님의 감동스런 이야기는 이러한 과정에서 얻어진 이야기라는 것이 더 중요하다. 삶이 변화되어 가고 있고 풍성해 지고 있다. 그것을 인식하고 감사하며 살아가고 있다는 것이 얼마나 큰 축복인가? 건조한 인생에 아침 이슬 같은 삶이 이어지리라.

내가 하고 싶은 말은 이것이다. 그것이 믿음의 길이다.

41. 매력 있는 헌금, 매력 있는 선거

우리 교회 이 장로님이 수원 축협 이사에 당선되셨다. 수원 축협은 재무구조가 1조 원이 넘는 전국 최고의 조합이라고 들었다. 대기업이나 진배없다고 한다.

몇 주 전 갑자기 이사출마 제의를 받고 장로님께서 목양실에 찾아오셨다. 하나님의 섭리가 있을 것 같은 생각에 흔쾌히 기도하고 출마하시라고 조언했다. 그런데 그다음 주에 건축헌금을 1000만 원이나 하셨다.

재정을 담당한 장로님께 들은 헌금의 이유는 이랬다.

"어차피 출마하면 돈을 쓰게 되는데 그 돈을 건축헌금으로 바치고 하나님께 맡기고 기도하시겠다."는 것이다.

그런데 그 사실을 안 순간부터 목회자는 마음에 짐이 더 된다.

만만하지 않을 싸움인 줄 알기에...

이렇게까지 마음먹었는데...

혹시나...

선거에 교회와 하나님이 끌려(?) 들어가는 것 같은 느낌이다.

은근히 걱정이 앞서 기도가 한 번 더 된다.

'주님 이거 큰일 입니다. 하나님과 저는 엮였습니다... 장로님께...'

물론 이사에 당선이 안 된다고 원망하실 분이 아니라는 것 정도는 안다. 그러나 바로 그 작전이 하나님의 감동을 이루어서인지 선거운동 기간이 짧았는데도 불구하고 덜컥(?) 당선이 되셨다.

마음속으로 "휴~~" 하고 안도감이 다가온다.

내 생각에는 장로님이 아주 지혜로운 그리고 은혜로운 선거운동을 하신 것이다.

이거 꽤 괜찮은 '매력 있는 헌금'인 것 같다.

또 매력 있는 선거 방법인 것 같다.

모르긴 몰라도 선거비용도 훨씬 적게 들었을 것이다.

일거양득, 일석이조...

마음속에서 저절로 이 말이 나온다.

"축복하고 축하합니다. 아자! 아자!"

42. 명품이야기

만덕이 700원, 새덕이 700원, 김덕이 700...

비싸지 않은 가격에 알 수 없는 이름들이다.

사업자 심방 중에 보게 된 '가나안 분식'의 메뉴다.

세상에 어디에도 없는 생소한 메뉴...

오랫동안 초등학교 앞에서 분식집을 하시면서 욕심 없이 늘 채워주
시는 하나님께 감사하며 일하시는 육현옥 권사님이 직접 만들고 지으
신 이름이다.

만두에 떡볶이를 넣은 것은 '만덕이'...

이걸 만든 이유는 차가워진 떡볶이를 만두 속에 넣어서 아이들이 따뜻하게 먹게 하려는 권사님의 배려심에서 발견된 것이다.

새우와 떡볶이는 새덕이, 김말이와 떡볶이는 김덕이...

모두 배려심이 만든 이름이다.

오랫동안 해왔던 이 특별하지 않을 것 같은 평범한 분식집 일에 특별함이 있다. 메뉴의 개발과 이름이 특허감인데 그것은 아이들이 따뜻하게, 먹기 좋게 하려는 권사님의 사랑과 배려에 근거한 것이다. 가나안 분식에서는 추억과 사랑을 먹는다. 그래서 가나안 분식의 먹거리는 명품이다.

지금은 군대 갔다 왔다고 찾아오고, 대학에 갔다고 찾아오고, 가나안 분식에 들리는 학생들이 옛 맛을 잊지 않고 찾아온다고 한다. 가나안 분식은 오랫동안 초등학교 앞을 지키고 있는 추억의 바로미터인 것이다. 그래서 얼마의 시간이 지난 다음에 중학생이 되어도, 고등학생이 되어도, 대학생, 어른이 되어도 꼭 다시 들리는 사람들이 있다고 한다.

그 명품 맛에 중독성이 있는 것이다. 화려하고 비싼 음식은 아니지만 진정한 명품인 것이다. 고향 같은 명품 가나안 분식은 그렇게 권사님의 오랜 수고와 삶의 가치이다.

우리 교회도 이런 중독성이 있었으면 좋겠다.

그 맛이 생각나서 멀리 갔던 사람들도 돌아오고, 시간이 지나도 자꾸만 찾아오는 고향 같은 교회... 가나안 분식 같은 교회...내 교회 '남양교회' 내 어머니의 교회, 내 할머니의 교회, 내 아버지의 교회, 내 할아버지의 교회... 바로 그 교회가 명품인 교회다.

43. 모든 것이 다 되도 안 되는 한 가지를 생각하며

　　이우철, 최민희 집사님 댁에 첫 심방을 갔다. 택지지구인데 주소를 보고 찾아갔으나 주소가 밖으로 드러나게 적혀있지 않아서 애를 먹었다. 거기다가 전화번호가 남편의 출장으로 잠시 정지시켜 놓았다. 황기숙 집사님께 연락하려 하니 잘 연결이 안 된다. 그래서 또 오일석 권사님께 연락했다. 그랬더니 권사님께서 달려오신다고 한다. 근처에서 기다리다가 마침 건물에서 나오시는 분들이 있어서 번지를 물었더니 주소가 여기라고 알려주신다. 달려와 주시겠다는 오일석 권사님의 마음에 너무 감사하다. 이분들은 예전에 우리 교회에서 한번 말씀을 전하셨던 이김구 선교사님의 자녀들이시다.

　　현재는 K국에 계신데 가끔 우리는 카톡으로 사진을 보낸다. 최민희 집사님께서 최근에 둘째를 낳으셨다. 그런데 얼마 후 이우철 집사님이 미국에 출장을가서서 내년 봄에나 돌아오신다고 하신다고 하신다.

　　최민희 집사님은 두 아이를 돌보며 지내시는데 오래전에 따놓은 운전면허가 있지만, 아직 운전을 하지 않으셔서 움직일 수 없으시다고 한다. 차는 밖에 세워져 있는데 무용지물이 되었다. 그런데 주일마다 아기를 안고 나오시는 것을 보고 어떻게 교회에 오시느냐고 물었다. 역시 보이지 않는 곳에서 돕는 우리 성도님들이 계셨다. 오일석 권사님 황기숙 집사님께서 오셔서 태워 가신다는 것이다.

그런데 의문이 생긴다. 주일은 그렇다 치더라도 평일에는 집에만 계실 텐데 어린아이와 지내면서 차량이 없으면 아직 개발이 완료되지 않아 이동수단이 만만치 않은 택지에 갓난쟁이와 어떻게 지낼까? 필요한 것도 많고 사 올 것도 많을 텐데...

그래서 최민희 집사님께 질문했다.
대답은 간단하고 명쾌하다.
우문현답이다.
대형마트 홈 000에 인터넷 주문하면 모든 것이 배달까지 완료가 된다고 하신다. 그 말을 들으니 예전에 텔레비전에서 인터넷만 의지하고 집 안에서만 지내는 프로그램이 생각났다. '요즘은 가만히 집에만 있어도 안 되는 게 없구나!'라는 생각이 들었다.

그래도 딱 한 가지 안 되는 게 있다는 것을 기억했으면 한다. 사랑하는 남편과 손잡고 아이들을 데리고 함께 나들이하고, 주님 앞에 나오는 것이다.

이우철 집사님 빨리 건강하게 돌아오세요...
오셔서 빨리 온 가족이 함께해요!
지금 집사님 댁에는 이것만 안 되네요.

44. '목사님 수고 많이 하셨습니다!'

　오랫동안 갈월교회를 섬겨 오시고 신억균 원로 목사님께서 하나님의 부르심을 받았다. 새벽예배 후 기도를 마치고 목양실에 내려왔는데 이시백 목사님께 전화가 왔다. 막 소천 하셨다는 소식이다. 원로 목사님께서 계시던 요양병원에 도착해서 목사님을 뵈었다. 막 어린아이가 잠든 듯 두 눈을 감으셨다.

　나는 오랫동안 뵙지 못했기에 목사님과의 목회 여정이나 목사님과의 사귐과 배움의 기회가 많지 않았다. 그럼에도 마음에 오랫동안 수고하고 교회를 사랑하셨을 목사님의 수고가 보이는 듯하다. 나는 별 할 말을 하지 못했다. 내가 평가 할 수 있는 영역의 삶이 아니기 때문이다.

　이 땅에서의 85년의 삶과 목회 그리고 갈월교회, 은퇴 후 이 어른 목사님의 여정은 내 말 한마디로 평가할 수 없는 그 무엇인가의 숙연함이 있었다.

　목회를 한 20년 하다 보니 이렇게 끝까지 주신 소명을 따라 달려갈 수 있는 것도 얼마나 큰 복인지 모른다는 생각이 든다. 20여 년이 지났어도 내 목회는 여전히 서툴다. 그러니 목사님의 평온함 마지막 앞에서 겸손하고 숙연해질 수 밖에 없다.

　"목사님! 수고 많이 하셨습니다."
　나는 다만 목사님의 귀에 대고

그렇게 짧은 언어로 들려드릴 수밖에 없었다.

나는 짐작도 못 하지만 목사님을 대하시는 성도님들의 마음에서...

교회 맨 앞에서 소리죽여 흐느끼시던 김차신 장로님.

조사를 통해

"목사님 사랑합니다!"라고 마음을 드렸던 이기훈 장로님...

일일이 열거하지 못하지만 한마음으로 장례를 치르는데

운구와 안내로 수고해 주셨던 장로님들...

교회에서 발인하도록 애써주신 박영주 장로님.

총 여선교회와 청년들 중고등부, 연합찬양대...

공주까지 함께했던 모든 분들...

사후 각막을 기증하셨던 일들...

이런 모습들에서 평소에 하셨던 사랑의 깊이를 들여다 볼 뿐이다.

또, 꼭 잊어서는 안 될 분...

이종선 권사님, 최순자 권사님...

원로 목사님 내외 분을 끝까지 모시며 함께하신 두 분의 삶.

그 어느 것 하나 이 땅에 그분의 흔적이 아닌 것이 없다.

장례를 치르면서 계속되는 마음의 교훈은

'부끄럽지 말자!'

'삶에 욕심이나 채워가면서 인생 허비하지 말고 참되고 진실하게 달려가자.'

이런 거룩한 외침이 계속 들려온다.

45. 무명의 격려자

목요일마다 전도대가 전도를 나간다. 우리 교회는 매주 갈산 사거리와 태화아파트 사거리, 갈산역 등으로 전도 팀이 나간다. 시장으로도 나간다. 매주 나와 주시는 분들이 있어서 얼마나 감사한지 모른다. 나는 특별한 일정이 없으면 꼭 전도 현장에 참석하려고 애쓰는 편이다. 늘 말없이 복음을 위해 수고하시는 분들의 노고에 바쁜 일정도 부끄러움이 된다고 느끼기 때문이다. 늘 이분들에게는 사랑의 빚을 진 것 같다.

이번 주 목요 전도대를 하고 있는데 갈산사거리 길 건너편에서 황 목사님이 홍삼음료를 가지고 건널목을 건너오신다. 어떤 분이 이사를 오신 것인지, 다니러 오신 것인지, 본 교회 늦어서 오신 것인지 잘 모르겠지만, 처음으로 우리 교회 새벽기도 나왔는데 전도하고 있는 담임목사를 보고 기억했는지 버스를 기다리다가 음료수를 어딘가에서 사 와서 들려 보냈다. 아침에 처음 뵌 얼굴이라 기억이 났다. 검은 옷을 상하로 입으시고 왼쪽 뒤에서 두세 번째 자리에 앉으셨던 분이었다.

처음 새벽에 나오셔서 말씀에 은혜를 받으신 것인지, 목사가 전도하는 모습에 마음의 감동이 온 것인지, 아니면 마침 새벽기도 갔던 교회 성도들이 전도하고 있어서 감동이 온 것인지 모르지만 그 음료에 아주 깊은 마음의 감동이 온다.

그날따라 젊은 사람들이 의도적으로 피해가며 전도지와 전도 물품을 외면하는 모습을 봤기 때문이다. 그분들의 눈에는 전도자들이 세상에서 조금 모자란 사람처럼 내려다보는듯한 약한 경멸의 눈길도 느껴지기 때문이다.

지난 전도 때는 지나가는 사람이 수고한다고 음료를 사주고 가셨다. 누군지도 모르고 교회에서 뵌 적도 없는 분이신데 오직 전도하는 사람들을 위해 교단, 교회를 넘어서 사랑을 베푸시고 갈 길을 가셨다. 어느 교회 권사님일지... 집사님일지... 나는 모르겠다. 그러나 주님은 행복하시리라. 전도자가 멸시받고 전도대로 전도하는 일이 교회에서 가장 기피되는 세상이다. 이런 세상에서 이렇게 전도하는 사람들을 위로하고 격려하는 사람들이 있다는 것에 감사하다.

엘리야에게 남겨 놓은 하나님의 칠천 명의 숨겨진 백성 같다.
우리 성도님들도 내 길 가다 다른 교회 전도하면 그랬으면 좋겠다.
우리도 무명의 격려자가 되자.
그러면 내 길에도 복음의 꽃이 피리니...
하나님의 기쁨이 되리라.

46. 병상 세례

홍성옥 집사님의 어머니께서 병상에서 세례를 받으셨다. 찾아가는 예배가 시작되고 얼마 안 돼서 집사님의 어머니 오영자 성도님께 암이 발견되어 서울 아산병원에 입원하셨고 지금은 우리교회 가까운 곳에 요양병원에 계시다. 그동안 오랜 투병으로 아마도 임종이 얼마 남지 않으신 듯하다. 그러나 삶의 마지막을 따님인 홍성옥 집사님의 손길을 의탁하여 곁에 있으면서(집사님의 말로는 "어머니의 마지막이 자신 곁에서 함께 할 것이라고 생각도 못 하셨다"고 하신다.) 가장 축복 되고 아름답게 삶을 정리하시고 계시다는 생각이 든다.

세례를 위해 방문했을 때 새색시처럼 곱게 누워계셨다.
임종 예배와 세례 예식을 함께 겸하여 드리게 되었다.
곱게 누우셔서 세례를 받으시는 모습에는 "오늘 네가 나와 함께 낙원에 있으리라"(눅 23:43)는 주님의 말씀과 위로가 함께 하시는 듯하다. 우리가 아는 바와 같이 오영자 성도님은 일평생 예수 그리스도의 이름을 부르지 않으셨다. 해남에 사시다가 병환을 얻어 서울에 오셨고, 그러다가 심방을 받은 후 스스로 예배의 자리를 요청하셨고, 주님을 향하여 마음을 여셨다. 십자가에서 예수님과 함께 했던 한편 강도처럼 주님을 의지하게 되신 것이다. 놀라운 하나님의 섭리였다. 구원을 위해 우리가 무언가 할 수 있는 것은 본질적으로 아무것도 없다.

이것은 전적인 하나님의 은혜다.

우리는 그것을 목격하고 있다.

이러한 모든 일에 나 자신이 증인이기에 병상에서 '거듭남'이요, '구원의 백성이 가진 증표'인 세례를 행했다.

"OOO 성부와 성자와 성령의 이름으로 세례를 주노라"

나는 이처럼 아름다운 말을 들어본 적이 없다.

내가 한 말이 아니라 하나님이 주신 말이기 때문에...

말을 꺼내기에 조심스러운 죽음이 이처럼 자연스러운 것은 우리가 죽음 너머에 있는 하나님의 구원의 은혜의 가치를 알기 때문이다. 이제 오영자 성도님은 하나님의 은총이 함께 하는 병상에서 주님의 부르심을 받게 될 것이다. 그리고 그것은 영원한 시간에 부여되는 영생의 길이며, 새로운 시작일 것이다.

47. 보시기에 좋은 날

지금 황현성 목사님이 전도사님 시절에 남양교회에서 사역할 때 있었던 일이다. 황현성 전도사님의 코가 또 수난을 받았다.

몇 해 전 사다리에서 떨어져 코뼈가 내려앉아 수술한 후 이번에는 족구 하다가 공에 맞아서 안경이 부서지면서 코에 생채기를 냈다. 황전도사님은 아무래도 코가(콧대?) 문제인 것 같다.

지난주 김근태 장로님과 박훈호 권사님께서 화장실을 헐어버렸다. 그리고 넓어진 교회 마당을 보면서 꼭 주일에 족구를 해 보겠노라고 다짐했다. 그러나 이내 날씨가 시샘을 부렸다. 토요일부터 내린 눈이 다 녹지 않고 남아있었다. 족구를 할 수 있겠냐고 몇 사람이 물어 보아서 나는 어렵지 않겠냐고 대답했다.

오후 예배가 끝나고 차들이 빠져나갔다. 그런데 미련을 못 버린 우리 박훈호 권사님 이내 내게 와서 족구 하자고 하신다. 그래서 그럭저럭 사람을 모았는데 조금 부족하다. 이때 박훈호 권사님께서 황현성 전도사님께 김근태 장로님께 전화하라고 하신다.

"부엌에 수돗물이 샌다고 빨리 오시라고 그러세요..."

이내 그 작전대로 전화가 오가고 잠시 후 김근태 장로님이 달려오셨다. 부엌을 둘러보고 족구장에 멋쩍은 표현으로 오신 김근태 장로님께 한 마디 한다.

"부엌에 수돗물 틀었더니 콸콸 새요..."

나도 웃으며 한마디 거들었다. 이내 거짓말의 대가는 전도사님이 치르고 말았다. 공에 코를 맞아 안경이 깨지면서 피를 보게 된 것이다.

'거짓말의 대가'라 크게 웃으며 필리핀 형제들과 함께 족구 경기를 했다. 경기해서 통닭을 시켜 먹으며 어두워지도록 즐거운 시간으로 삶을 따스함으로 채웠다. 비록 속아서 왔지만 달려온 장로님께 참 감사하다. 그 마음이 들여다 보이지 않는가?

또 월요일 새벽예배 마치고 보니 그 마당에 물 흐른 자국이 있었는데 밤에 정말로 물이 터져서 족구장 아래에서 물이 흘러넘친 모양이었다. 아무도 모르는 사이에 김근태 장로님이 밤에 고쳐놓고 가셨다는 사실을 핸드폰에 올라온 사진을 보고 후에 알게 되었다.

미리 일거리 주시는 하나님의 은혜가 있었다.
우리는 이해 할 수 없지만
넘치는 사랑 속에서 "보시기에 좋은 날"이었다.

48. 봉헌식과 선교

남양교회에서 목회할 때 필리핀 바차완 교회 봉헌식에 다녀왔다.

한 지역에 교회가 서기 위해서는 공짜가 없다는 점을 느꼈다. 봉헌식 전날 저녁 우리보다 먼저 도착해 있던 광림교회 청년들이 와 있었다. 그런데 그 지역 여자 청년에게 그날 밤 귀신이 들어갔다고 한다. 아주 강한 귀신이 들어가서 새벽 1시-4시까지 목회자와 광림교회 청년들이 함께 기도하며 결국 승리했다는 이 이야기를 들으며 이 지역에 교회를 세우는 일이 영적 싸움임을 다시 한 번 알게 되었다. 그리고 이 봉헌식이 가진 의미를 다시 깊이 있게 생각했다.

봉헌식에서 교회를 대표해서 작은 감사패를 받았다.

그러나 봉헌식은 전체적으로 광림교회 청년들을 위한 행사였다. 광림교회 청년들은 해외에 100개의 교회를 짓기로 기도하고 44개째 봉헌을 한다고 한다. 우리는 그 뒷자리에서 사택을 손수 지었다. 그래서 현관에는 광림교회 청년부가 봉헌했다는 현판이 걸렸다.

잠시 잠깐

'아쉽다! 우리의 이름은 한 줄도 안 들어간 채... 이런 마음이 들었다.'

그러나 이내 '참 잘했다. 남양교회'라는 마음으로 돌아섰다.

생각해 보면 박희영 선교사와 필리핀 아이타족을 위한 교회 거의 모든 곳에 우리 손길이 있다. 물론 테리야 교회와 교육관은 전부 우리 손으로 노동하고 헌금해서 지은 것이다. 그러나 그 외에도 광림 청년이 봉헌한 말리빠노 옆에 더 좋은 교육관을 선교팀이 가서 우리 손으로 지었고, 까마칠레 교회의 어린이집과 기타 성물과 등등 역시 우리의 손길이 있었다. 우리는 뒤에서 묵묵히 도왔다. 우리는 우리 이름을 드러내지 않았다. 무언가 드러내고 나타낼 우리 자리는 없다. 그럼에도 우리의 영향력은 폭넓고 깊다.

진정한 선교는 보이는데 있지 않다. 보이지 않는 하나님께서 그분의 본성과의 일치를 찾는 선교를 기뻐하신다. 우리가 보이지 않아야 하나님이 보이기 때문이리라. 그 하나님이 우리의 상급이시리라.

나는 우리 교회의 이러한 선교방식이 정말 맘에 든다. 우리 성도님들이 자랑스럽다. 나타내려 하지 않는, 그러나 어디에나 있는 진정한 선교라는 생각이 든다. 앞으로도 자랑하지 말고 낮은 자리에 녹아서 스며드는 선교를 계속해야겠다.

49. 부끄러운 정직

도고 글로리아 콘도에서 열린 코리아 캠프에 우리 교회 아동부 학생들과 교사 50여명이 캠프에 참여하고 있었다. 하루 날을 잡아서 교육부장이신 차재천 장로님과 성희, 박성숙 선생님 두 분 그리고 아내와 함께 격려차 방문을 했다. 점심이 되기 전 도착해서 현재 진행하고 있는 프로그램에 들어가 뒷자리에 참석하게 되었다. 아마도 병원과 연관된 죄의 바이러스, 습관의 바이러스에 대한 미션을 수행하는 장소인 것 같다.

그 강단에는 다른 교회와 함께 참석하고 있었는데...
그 미션을 수행함에 있어서 자신의 삶의 태도나, 신앙의 태도를 점수로 책정해서 영적인 바이러스 감염을 체크하는 시간이 있었다.
아이들의 점수가 높을수록 일반 병동, 중환자 병동, 최악의 병동으로 이동한다. 아이들이 자신의 태도를 평가하는 것을 보니...
내가 듣기에도 어른들도 마찬가지로 모두 최악의 병동에 들어갈 수밖에 없는 질문들이다...

나는 모두 높은 점수-최악의 병동 점수라고 고백한다.
하루 세 번 이상 기도하기, 예배 전 일찍 참여하기, 하루 성경 세 번 이상 보기, 하루 세 번 이상 기도하기...
안 할수록 점수가 높아진다. 그런데 그 자신의 점수별로 일어나서 일반 병동, 중환자 병동으로 이동하라고 진행자가 명령하자...

아이들이 동요한다.

결국 최악의 병동으로 갈 아이들이 대거 중환자 병동으로 간다.

스스로 마음을 속인다.

마지막에 최악의 병동에는 결국 '우리 교회 아이들만 10여 명 남았다...'

'아이고 창피해!!!...'가 아니고 그 순간 마음에 흐뭇함이 밀려왔다.

'우리 아이들이 정직하구나!'

'위선적인 태도가 적구나!'

'선생님들이 잘 가르쳤구나!'

그것은 부끄러운 모습이 아니다. 그것은 정직한 모습이다.

자신의 죄를 숨기는 것이 오히려 부끄러운 모습이다.

부끄러운 정직이다. 그래서 부끄럽지 않다.

고쳐나갈 수 있기 때문이다. 성장할 수 있기 때문이다.

교회학교 자랑스럽습니다. 축복합니다. 선생님들 수고하셨습니다!!!

우리 아이들에게 정말 멋진 것을 가르쳐 주셨어요!

50. 부활은 모든 인류의 꿈일 수밖에 없다

가슴 아픈 일이다. 제주도로 수학여행 가던 학생들이 배가 침몰하는 바람에 많은 희생이 있었다. 아직 선체 내부에 있을지도 모를 생존자를 구하려는 시도조차 번번이 막혀버린다. 대한민국이 이 일로 멈춰버렸다. 숨죽이고 지켜보고 있다. 우리는 특히 지리적으로 가까운 안산의 학생들이라 더 그렇다. 꿈의교회는 경기연회 개최 장소였으나 그 지역 학생들이 포함되어 경기연회 장소를 다른 곳으로 변경하였다. 몇몇 아는 교회 목사님의 교회에 거기에 간 학생들이 몇 명씩 있다는 소리를 들었다.

나중에 안 일이지만 우리 둘째 아들 주영이도 같은 날 수학여행을 갔다. 경주로 갔는데 그 전에 결정하는 과정에서 제주도가 거론되었다고 한다. 학부모의 반대로 제주도행이 경주행으로 바뀌었다. 어쩌면 같은 배를 타고 있었을지도 모르는 일이었다. 지금 생각하면 학교 측에는 그 부모들이 협조하지 않는 거리끼는 것이었겠지만 그 거리낌으로 생명을 보증받은 것이다.

제주도로 가려고 선택했을 때 학생들의 반응은 어땠을까? 기쁘고 들떠 있었을 것이다. 그것이 최선의 길임을 직감했을 것이다. 그러나 그 결과는 아주 큰 상처를 가져왔다. 만약 그 선택이 자신들의 인생에 줄 큰 상처요 고통이요 죽음인 줄 알았다면 선택하지 않았을 것이다.

우리 삶을 돌아보면서 우리가 갈 길이 최선의 선택인 줄 알고 선택한 것이 불행의 길, 죽음의 길이 될 수 있음을 생각해야 한다.

만약 그 길을 미리 알았다면 누가 선택할 수 있겠는가?

그래서 우리는 늘 준비된 인생을 살려고 해야 한다.

인간의 선택이 결코 언제나 옳지 않을 것을 직감하는 지금 우리는 어둡고 침통한 시간 너머에 우리에게 비취는 하나의 빛을 소개할 때이다.

부활, 모든 인류의 꿈일 수밖에 없다.

오늘 내 삶의 선택은 무엇인가?

소망과 위로가

안산 단원고 학생들과 모든 상처 받은 사람들 위해 함께 하기를...

주님 저들을 주님의 손에 의탁하나이다...

51. 부흥회 동안 일어났던 육적 욕망들

요즘 부흥회가 참 어렵다. 첫 번째는 많이 모이지 않기 때문이다. 부흥회를 하면 담임목사의 리더십이 평가받는 것 같은 심리적 부담감이 솔직히 있다. 그래서 참여를 더 독려하기도 한다. 거기에서 첫 번째 육적 욕망이 표출된다. 은혜받으라는 말로 자극을 주면서 끌어 모으고자 한다.

이번 부흥회도 마찬가지였다. 목회적 양심을 걸고 내 내면의 체면과 상관없이 온전히 순전한 은혜만 사모하게 하려는 100%로의 순수함이라고는 말하지 못하겠다. 그런데도 참으로 집회를 통해 교회와 성도님들 그리고 나 개인이 얻은 것이 많이 있다.

그래서 부흥 집회가 의미 있다.

집회를 통해 주신 하나님의 은혜는 100%다.

나는 이번 부흥강사를 잘 나가는 사람이라고만 생각했다. 아버지가 서울 유명한 교회 목사님이셨고, 영국 유학과 선교사에 신학대 교수에... 내 육적 내면에는 이분이 영적 고뇌와 번민을 통해서 연단된 사람이라고 생각하지 못했다. 그분은 부르주아(부유한 사람)고 나는 프롤레타리아(가난한 사람)라는 신분의 보이지 않는 시기심이 있었다.

그런데 이번에 집회를 통해 회개를 많이 했다.

하나님의 부르심에는 그분의 위대한 손길이 있었음을 보게 되었다.

선입견과 편견이 나에게 있었다. 이번 집회를 경험하고 나니까 강사 목사님이 더 크게 보인다. 이전보다 더 귀해 보인다. 육적 욕망의 굴레를 벗으니 보이지 않던 것이 보이기 시작한다.

부흥회 중에 또 하나의 육적 욕망이 일어난다. 헌금이다. 중간에 헌금 보고를 받는데 저조하다. 유혹이 생긴다. 헌금이 많이 나오면 좋은 데 사용하려고 하는데... 강사비와 기타 경비 제하면 남는 게 별로 없다는 마음의 속삭임이 들려온다. 설상가상으로 작년 집회의 반 정도만 헌금이 되었다는 보고가 들려온다.

속으로 '에 휴~~ 헌금을 강조하면 더 하고, 그렇지 않으면 형식적으로 헌금하는구나~~'라는 자학이 은혜받고 감사한 마음에 찬물을 끼얹는 소리로 올라온다. 그래서 한 번 잔소리 하고 싶은 욕망이 생긴다.

강사와 성도님들에게...

그런데 끝까지 원칙을 지켰다. 은혜받은 대로...
강사님도 원칙을 지켜주셨다.

여러분 아시는가? 목사의 마음이 이렇게 비참하게 세속적이고 육신적 욕망에 유혹받은 것을... 받은 은혜 잘 성장 시켜 큰 성도되시길...
부흥회 기간 동안 일어났던 육적 요망들이 이렇게 많다.
무엇에든 유혹이 있기 마련이다.

52. 북한 돈 이야기

북한 돈의 가치는 얼마나 될까?

요즘 장마당에서 쌀 1kg이 북한 돈 6000원 정도 한다는 인터넷 기사를 보았다. 북한에는 배급제를 실시하는데 배급이 원활하지 못하니 장마당 같은 시장 경제가 생겼는데 아주 비싼 가격에 거래된다. 1원짜리 지폐부터 내가 본 것은 5000원짜리 지폐가 최고다. 그것도 최근에...

얼마 전 우리 교회에 카페를 만들면서 각 나라의 돈을 모으고 있다. 그중 돋보이는 것이 김옥남 장로님의 첫째 사위 임명식 집사님이 기증한 100원짜리 북한 돈이다.

카페의 수익금을 전액 선교로 사용하기로 하면서 각 나라에 대한 관심을 기도로 전환시키려고 각 나랏돈 위에 십자가를 올려놓는다. 각 나라에 십자가의 복음이 능력을 발휘하기를 바라는 선교적 마음에서다.

며칠 전에 이 북한 돈이 아주 많이 생기는 일이 있었다. 우리 지방 송정교회 오범석 목사님께서 집에 오시더니 덥석 내놓으신다. 5000원, 200원, 10원, 1원... 다양한 종류의 돈이다. 오시더니 하시는 말이 '이 돈이 이제 임자를 찾은 것 같네...'라며 주신다. 우리 교회 카페에 와보고 그 취지를 듣고는 이것을 주려고 몇 번 마음을 가지셨던 터였다고 하신다.

나는 그 돈들이 오 목사님의 손에 들어오기까지 이야기를 안 들어볼 수 없었다. 언젠가 연길에 갔었는데 그곳에 교회가 있다고 한다. 한족과 조선족을 함께 목회하시는 목사님을 만났는데 거기서 북한은 아주 가깝다고 한다. 조그만 강만 건너면 되는데 때때로 북에서 강으로 건너와 하루 품팔이하고 다시 북으로 돌아간다고 한다.

그런데 어느 날 그 교회에 북한 분이 오셔서 십일조를 하고 가셨다고 한다. 그 돈 가운데에는 십일조 한 북한 성도의 돈이 포함되어 있다고 한다. 그래서 내게 주시는 그 돈이 가치는 모르지만 절대로 가벼운 돈은 아니라고 강조하신다. 북한에도 믿는 사람이 있다는 사실을 보여주는 돈이다.

나는 금방 그 십일조 한 돈을 알아볼 수 있었다. 5000원권과 10원권에 아주 많은 손때가 묻어있기 때문이다. 다른 돈들은 중국에서 비닐 액자에 넣어 기념품으로 판매하는 것을 보았었다. 그래서 깨끗하다. 그러나 그중 10원짜리에는 북에서 쓰는 종이로 찢어진 부분을 때운 흔적도 남아있다. 이 두 장의 십일조는 이렇게 우리 교회에 흘러왔다.

바울이 마게도냐 사람 하나가 '건너와 우리를 도우라'는 환상을 본 것처럼, 북한의 성도들을 위해 더 기도해 달라는 거룩한 외침이고, 주님이 우리에게 주시는 영적 소명감이리라.

이 두 장의 돈은 '낡고 헐어서' 우리에게 다가왔기에 더 귀한 돈이 되었다. 돈의 의미를 넘어선 돈이다.

53. "비전은 찾아내는 것이 아니라 찾아오는 것이다"

두 아들 학업을 위해 필리핀에 다녀왔다. 대학과 고등학교 진학을 위한 이사 때문이었다. 첫째는 대학에 둘째는 고등학교에 진학하는데 그렇게 급하게 서둘던 필리핀 사람들이 정작 우리가 도착하니 급한 게 없다. 우리만 애를 태웠다.

클락 엥겔레스에 머물던 아이들을 마닐라로 이사시켰다. 마닐라 알라방이라는 지역으로 이사를 했는데 그곳이 명문 학교들이 모여 있는 지역이라고 한다. 우리 형편에는 어림도 없는 곳인데 이런저런 도움의 손길을 주셔서 하나님께서 모든 것이 가능하게 허락하셨다.

우리는 함께 살지 못하기 때문에 여기에서 들려오는 소식을 듣고 실행에 옮긴다. 그런데 삶에 명쾌한 것이 없다. 현지에 가니 또 허점이 보인다. 비용이 너무나 천문학적으로 들어간다. 그런데 그런 과정 속에서 하나님이 하나, 하나 해결해 주시는 것을 보았다. 사람을 붙여주시고 좋은 방안을 협의하게 해주시고 하나님은 우리 아이들에게 최선의 자리를 마련해 주신다.

아이들이 비전을 찾기를 바랐던 마음에 변화가 왔다. 그동안 우리 아이들이 아직 찾지 못한 비전을 찾기를 바라며 기도 해왔는데 이번에는 문득 이런 마음이 든다.

'비전은 내가 찾아내는 것이 아니라 내게 찾아오는 것이다.'

환경의 변화 속에서 비전이 찾아오는 것이 더 맞는 말처럼 믿어진다. 내 비전이 아니라 하나님이 이끄시는 비전이 믿음 안에서 찾아온다는 사실에 신뢰가 생긴다.

여러 번 꿈이 바뀌는 과정을 겪으면서 아이들에게 찾아올 비전을 생각해 본다.

더 크게 보고 더 넓게 경험하면서 아직 오지 않은 비전이 우리 아이들에게 찾아오기를 바라며 첫째 아들의 생일날에 이별을 하면서도 하나님께 감사하며 귀국길에 올랐다.

54. 사랑의 비리

우리 아내는 부평구에서 운영하는 집 옆의 체육센터로 수영을 하러 간다. 그런데 이 수영, 한 달 강습을 신청하는 것이 좀처럼 어렵다. 강습 신청을 못하면 매일 매일 돈을 내고 들어가야 한다. 대기자가 워낙 많아서 새벽예배 후 가면 이미 늦고 만다. 새벽 4시부터 기다렸다가 신청해야 할 만큼 사람들이 많다. 아내는 정기권을 신청하기를 원했지만 쉬운 일이 아니었다. 아내가 새벽기도를 마치고 수영장에 갈 때면 이미 7시가 되어버리기 때문이다.

그런데 얼마 전 여영자 권사님께 아내가 큰 선물을 받았다. 권사님께서 지인을 통해 아내의 신청을 대신해 주신 것이다.

이런 사랑의 비리(?)를 받으며 아내는 운동을 하는 기쁨을 누렸다.

들리는 말로는 4시에 나가서 기다렸다고 한다.

여영자 권사님께서 얼마나 사람들과 사귐이 좋았으면 권사님의 부탁에 새벽 4시에 가서 한 달에 몇 명 나오지 않는 신청 자리를 잡아주실까? 권사님 자신의 일도 아니고 더군다나 남의 일이 아닌가? 권사님의 대인관계를 짐작할 만하다. 부끄럽게도 아내는 여영자 권사님의 사랑의 혜택을 계속 누린다. 한번 신청하면 그다음은 저절로 갱신이 되기 때문에 이것이 정말 어려운 것이다. 돈이 있어도 안 되는 일이 바로 신청서다. 물론 아내가 너무나 감사해서 과일과 먹거리로 대접했다고 하지만 그분들의 사랑만큼이나 넉넉히 대접할 수 없었을 것이다.

아내는 여영자 권사님, 박수연 권사님을 만나며 그렇게 수영을 하고 다니는 모양이다. 건강을 위해 애쓰시는 모습이 보기에 너무들 좋으시다.

며칠 전 내게도 또 한 번의 사랑의 비리(?)가 있었다.
김차신 장로님이 신분증을 달라고 하시는 것이다.
"왜요? "
수영장 이용권을 끊어 오신다고 하신다.
나는 정중히 거절의 의사로 신분증을 안 드렸다.
"안 그러셔도 돼요! 장로님!!!"
그러나 끝까지 거절할 수 없어서 아내를 통해 드리겠다고 하고는 드리지 않았다.
그런데 새벽에 장로님께서 결국 빼앗아 가셨다.

"내가 좋아서 하고 싶어서 그래요! 제가 행복해서 하는데 왜 제 행복을 빼앗아가세요?"

장로님의 말 한마디에 나는 무릎을 꿇고 꼭꼭 목양실에 숨겨놓은 신분증을 찾아서 건네줄 수 밖에 없었다. 죄송함과 감사함과 조금은 민망함이 교차되는 묘한 심리적 경험을 하면서 요즘 점점 무릎을 꿇는 일이 많아진다. 나는 이렇게 무릎을 꿇어서라도 장로님과 성도님들께 정말 행복을 줄 수 있었으면 좋겠다.

55. 사랑한다면 닮아가야 한다

세 살 민호에게 철야 예배와 수요예배는 이상한 세계였을 것이다.

민호와 나는 특별한 우정이 있다. 나를 무척 좋아한다. 아마 착각일지 모르지만, 가족들 외에 나를 제일 좋아할 것이다. 그런 민호가 엄마, 아빠와 예배를 나오면서 배운 것이 있다.

지난주 밴드에 이미자 집사님(이승수 권사님)이 민호를 동영상으로 찍어 올렸다. 세 편의 동영상은 분명한 테마가 있었다. 하나는 찬양, 하나는 통성기도, 하나는 안수기도다. 내 귀에 들린 말로는 "할 수 있다…"를 반복했다. '할 수 있다 하신 이는 나의 능력 주 하나님'

이 찬양이 철야 때 민호의 마음에 들어왔는가 보다.

두 번째는 주여! 라고 외치는 부르짖음이다.

얼마나 악쓰고 부르짖는지...

솔직히 어른들보다 낫다. 민호가 부르는 주여는 압권이다.

세 번째 동영상에는 가족들을 찾아다니며 안수기도 해주는 모습이다. 예배 후 기도를 요청한 성도님들을 위해 안수기도해 주는 모습이 민호가 경험한 철야 예배와 수요예배의 모습일 것이다.

세 살 버릇 여든까지 간다고...

민호에게는 이상한 세상일 텐데 그것이 즐길 거리와 흉내 거리가 되었다. 왜 그럴까? 목사님을 좋아하기 때문이다. 사랑하면 이상한 것도 더 이상 이상한 것이 아니고, 이상한 것도 닮고 싶은 것이다. 민호에게는 좋아하는 목사님이 하는 모든 행동이 이해가 안 가지만 민호의 마음에는 그것이 자기가 사랑하는 사람을 이해하는 방식이다. 그것은 옳고 그름, 좋거나 나쁨 그 이상이다. 이성적, 비이성적...

그것을 넘어설 만큼 민호는 누군가를 향한 사랑의 세계관을 가졌고 경험하고 있다. 내 착각일 지도 모르지만...

민호가 나를 참 좋아한다. 나도 민호를 참 좋아한다. 주님을 사랑한다면 모든 것을 초월하여 주님을 닮아가려고 해야 한다. 민호의 사랑스러운 모습은 사랑한다면 닮아가라는 교훈을 전달하는 사자의 모습이다.

세 살 민호처럼 사랑한다면 어떤 이유도 없이 닮아가야 한다.

민호야! 목사님 사랑해 줘서 고마워...

나도 민호 많이 사랑한다. 그리고 축복한다!!!

56. 사연 있는 십자가

　몇 년 전에 목회하던 지역에서 아주 가깝게 지내던 목사님댁에 방문했었다. 그때 나는 십자가를 모으는 중이었다. 다양한 세계의 십자가를 모아서 교회의 한 쪽에 소장했다. 그런데 그 집에 가니 아주 눈에 들어오는 십자가가 있었다. 못으로 만든 십자가인데 못을 사람의 모양으로 구부리고 사람의 모양으로 만들었다. 그리고 그 사람이 어깨에 짊어진 긴 십자가도 못으로 만들어 못의 이미지에 강조점이 있었다.

　그래서 은근히 욕심을 냈다. 형님처럼 따르던 목사님이라 십자가에 욕심이 있음을 비쳤으나 끝내 받아 낼 수 없었다. 그때 나는 십자가를 모으는데도 내 성취감을 버릴 수 없었다.

그리고 그 목사님은 59세의 젊은 나이에 어느 날 주님의 부름을 받았다. 늘 용기와 힘을 주시던 그 목사님을 생각할 때마다 그 십자가가 함께 생각났다.

그리고 우리 교회에 오게 되었을 때 장로회실에 방문했다가 깜짝 놀랐다. 그 십자가가 크게 제작되어 기획위원회 책상 가운데 세워져 있는 것이 아닌가? 그리고 그 십자가를 제작하신 분이 우리 교회 최현규 장로님이시라는 사실을 알게 되었다.

이 얼마나 놀라운 일인가?

그리고 얼마 후 고난 주간에 장로님의 손에 의해 두 개의 똑같은 십자가가 만들어져서 내게 전해졌다. 십자가를 소유물로 생각하던 욕심이 변하여 아픔과 사랑의 언저리에서 다시 나를 찾아온 십자가, 똑같은 모습의 십자가인데 그 십자가를 볼 때마다 마음이 더욱 아프다. 거기에는 내가 사랑했던 분의 기억과 목회의 아픈 사연이 남아서 주님의 은혜를 기다리는 아픈 십자가의 옷을 입혔다. 하나님이 그렇게 하셨다. 십자가에 남은 상처를 멋으로 여기지 못하게 하시려는 주님의 가르치심이리라.

언젠가 보았던 십자가에 사연이 더해져서 오늘 나를 다시 만났다.

그리고 그 십자가의 더 이상 그때의 그 십자가가 아니다.

그 십자가에 사연이 있다.

57. 사적증거

안타깝게 오랫동안 교회를 섬겨오시던 유금순 권사님(1)께서 하나님의 부르심을 받으셨다. 지난 60여 년 우리 교회를 지키시며 보이지 않는 자리에 봉사의 흔적을 남기셨던 분이시다. 소천하시기 전에 병원에서 또 요양병원에서 몇 번 뵈면서 기도해드렸다. 위독하시다는 소식에 기도하러 달려갔다가 고비를 넘기셨다는 소식을 듣고 기도만 하고 왔다. 그리고 다음 날 편안하게 하나님의 부르심을 받으셨다.

장례를 마치고 아드님 내외분이신 이상규 집사님과 안경숙 권사님께서 목양실에 찾아오셨다.

그런데 이 두 분의 얼굴이 많이 밝으시다.

그 사연을 들어보고서 이내 두 분의 밝은 표정의 이유를 알게 되었다.

바로 전주에 찾아가는 예배를 우리 교회 장로님들과 몇 분이 가셨다고 한다. 그때 권사님이 눈을 뜨시고 컨디션이 좋아지셨는데 정말 밝은 모습이셨다고 하신다. 안경숙 권사님은 그때 직감으로 처음 창조될 때처럼 어린아이같이 순수한 시어머니의 모습을 보면서 하나님의 마지막 선물이요 하나님의 구원 징표처럼 느끼셨다고 하신다.

또 두 분이 기도하시기를 고통 없이 부름 받으시기를 기도했는데 병원에 오랫동안 계시지도 않으시고 고통스러움 없이 하나님의 부르심을 받는 모습에 감사의 마음을 갖게 되셨다고 하신다.

아마도 "천국이 저분의 것이구나!"라는 마음의 증거가 하나님의 선물로 두 분에게 부여된 것 같다. 인간이 가장 두려워하는 죽음의 과정에서 우리가 이렇게 소망을 찾음은 하나님의 주신 삶에 있는 또 하나의 신비다.

하나님의 사랑과 은혜에 대한 신비를 경험하는 것이 공적 증거도 중요하지만 이렇게 개인의 직관과 감정, 이성에 찾아오시는 사적 증거도 우리 개인에게는 중요한 은혜의 수단이 되어준다.

이 모든 것을 통해서 우리는 하나님과 더 가까워지는 삶의 자리를 마련하게 된다. 유금순 권사님의 삶의 자리가 천국이시니 우리는 우리만 잘하면 만날 소망이 있다. 저만치 가신 권사님의 앞길이 모든 교우들의 영적 여정에 열려지기를 기대해본다.

58. 생각해 보니 하나님을 위해 한 것이 없네요!

집사님 한 분이 갑자기 몸이 많이 안 좋다고 하셔서 심방했다. 집사님은 평소에 병원에 한 번 가보지 않으신 건강한 분이셨다. 그리고 참으로 열심히 살아오셨다. 그런데 갑자기 숨이 차고 일어나지 못하게 몸이 힘들고 아무것도 못하시겠다고 하신다. 심방 내내 집사님은 눈물을 흘리셨다. 그 눈물의 의미를 나는 다 알지 못한다. 일찍이 혼자 되셔서 가녀린 여인네의 몸으로 맡겨주신 자녀분들을 키우느라 청춘을 다 바치셨다.

그리고 자녀분들을 모두 다 훌륭하게 키워내셨다.

우리네 어머니는 이렇게 강하다.

그런데 약해지는 날이 꼭 온다.

세상의 철인 같던 우리네 어머니도 약해지는 날이 꼭 온다는 사실을 기억해야 한다.

나는 집사님께 "집사님 이번에 살려주시면 그동안 자식들을 위해 열심히 살아오느라 하고 싶어도 하시지 못했던 하나님의 일, 교회의 일, 봉사... 이제 자녀분들 다 남부럽지 않게 잘 키웠으니 하나님을 위해 살 시간을 좀 가지세요!"라고 권고를 드리고 간절히 기도했다.

이번 주일에 집사님은 따님의 부축을 받으며 예배에 참석하셨다.

월요일에 병원에 갈 계획이셨다.

며칠 후 다시 심방했을 때 집사님은 병원에 가서 검사를 마친 후였다.

"집사님 어떻데요, 결과가 나왔어요?"

"...암 이래요!"

집사님이 다시 눈물을 흘리신다.

집사님은 어느 상태인지, 어디 부분이 암인지는 잘 모르시고 계셨다. 암이란 사실을 알고 삶을 돌아보면서 집사님이 눈물로 하염없이 기도하신 이야기로 마음을 쏟아 놓으신다.

"하나님, 생각해 보니 제가 하나님을 위해서 한 일이 하나도 없네요." 라고 기도했다고 하신다.

또 눈물을 보이신다.

"집사님 왜 한 일이 없어요, 남편 일찍 데려가시고 하나님이 맡겨주신 자녀 최선을 다해 키우셨잖아요! 그것도 하나님의 일이에요. 그러니 하나님 이번에 살려주셔서 이제 주님을 위해 일할 수 있게 해 달라고 기도하세요!"

집사님의 입에서 "아멘~아멘"이 계속 나오신다.

심방 후 오는 길에 아드님께 전화를 했다.

'왼쪽 폐에 종양이 생겼다고 한다.'

'정밀 검사를 해야 하는데 의사 말로는 진행이 많이 되었다고 한다.'

하루 종일 집사님이 눈물을 훔치며 했던 말이 귀에 계속 울린다.

"생각해 보니 살면서 하나님을 위해 한 것이 하나도 없네요!"

잘 생각해 보니 바로 목사인 내가 그렇다.

59. 생면부지 목사님 성도

메일이 한 통 왔다. 평소에 인터넷 메일을 잘 확인하지 않았는데 '부임을 축하합니다!'라는 메일이 들어 왔길래 읽어보았다.

거기에는 6.25 학도병 출신이면서 1955년 감리교신학교를 입학한 우리 교회 출신 목사님의 편지가 있었다. 목사님의 성함은 김용욱 목사님이셨다. 2001년 은퇴 후 미국에 가셨다고 하신다. 그 목사님께서는 우리 교회 원로장로님이신 이종훈 장로님과 친구가 되신다고 하신다. 그 원로 목사님의 편지에서는 내가 자신의 모교회에 왔으니 '우리 담임목사님'이라고 나를 호칭하신다.

나는 이런 성도를 지금껏 경험해 본 적이 없다.

그러고 보니 나도 고향의 목사님을 생각하면 한 번도 그 목사님과 함께 한 시간은 없지만 비슷한 심정을 느낀 듯도 하다.

본질적으로 우리는 무엇이 되었던 영원한 '성도'다.

우리가 상상했던 것보다 우리 교인이 많다.

오랜 역사는 이렇게 어머니가 되어 갈월교회의 많은 보이지 않는 성도를 만들었다. 그리고 그 분들은 아직도 갈월교회에서 말씀을 통해 듣고 보고 깨달았던 삶을 살아내고 있다.

현재 90을 바라보는 연세이실텐데 아직도 교회에서 미국에 유학 오신 분들을 위해 성경 공부를 가르치시며 봉사하신다고 하신다. 그 열정에 담아 평생 목회의 기준으로 삼았던 "목회의 도리"라는 글을 보내주셨다. 그 글에는 45년 동안 나름대로 목회하셨던 기준들과 가치를 활용하셨고 그 기록을 후배 목사에게 남겨주고 싶으신 애정 가득한 마음이 들어 있었다.

원로 목사님의 말씀대로 생면부지인 나에게 이런 글을 보낼 수 있다는 것은 그 목사님의 열정과 모교회인 갈월교회를 사랑하시는 마음이 어떠한가를 알게 해 준다. 오랫동안 모교회를 떠나 타인처럼 살았고 지금도 먼 타지에 계시지만 이렇게 그 마음은 모교회인 우리 갈월교회에 마음과 눈을 두고 살도록 만드는 그 무엇엔가 이끌려 계셨다. 아마도 신학과 이민과 사역을 위해 이주의 삶을 살지 않고 지금까지 계속 교회에 남아있었다면 이러한 교회를 향한 사랑은 목사님에게 마저 그저 오늘의 삶 속에 묻혀 드러나지 않으셨을지도 모르겠다.

이렇게 김용욱 목사님은 나에게 특별한 성도, 특별한 선배 목사님이 되셨다. 우리 자신은 우리 자신의 생각보다 교회를 더 많이 사랑하고 있다. 아마도 아직 드러날 기회가 없을지도 모른다.

60. 성도님! 고객님! 호갱님!

바자회 준비가 한창이다. 지역축제가 되고 점점 자리 잡기 위해서 올해는 토요일에 장을 연다. 우리 식구끼리 하던 장터가 넓혀지는 것이다. 처음으로 토요일에 하는 것이라 기대 반, 걱정 반이다. 또 우리 가족들인 성도님들의 호응도가 줄어들까 봐 걱정이다.

빵집에서, 부엌에서, 청장년, 여선교회 모두 모두가 평일인데 북적북적하다. 교회가 좋은 것은 북적북적 하면서 흘러나오는 웃음소리다. 작은 미담에도 웃고, 봉사하면서도 웃고 모두가 얼마나 열심히 준비하는지 이미 바자회는 성공한 거나 다름없다. 거기에 이미 성도의 만족한 의미가 채워져 간다. 감이 익어가는 것처럼... 봉사도 기쁨으로 익어간다.

호갱님(?)이란 속어가 있다.
고객님이 봉(?)으로 보이고 뒤집어씌우고 큰 이익을 남기는 곳에 피해자가 되는 고객을 호갱님이라고 부른다.
생각해보면 교회 바자회는 늘 그렇다.
성도님이 바자회 날은 고객님이 된다.
또 아낌없이 돈 쓰라는 호갱님도 된다.
큰돈은 아니지만, 물건에 대한 가치보다 사고파는 과정을 통해서 이웃을 돕는 일에 동참하는 것이다.

세상에서는 호갱님이 되면 분노가 치솟아 올라가지만 교회의 바자회에서는 호갱님이 되어도 넉넉히 웃는다. 지난 몇 주간 여러 교회 바자회를 다니면서 거금 10만 원씩 물건비를 냈다. 큰 교회 목사는 말 그대로 호갱님이다. 그러나 기분 나쁜 호갱님이 아니라 행복한 호갱님이다. '내 기꺼이 호갱님이 되리라'는 마음으로 참여하는 일이기 때문이다.

우리 교회 바자회는 성도님들에게 고객님이 되어 달라는 첫 번째 요청이 있다. 그리고 그곳에서 기분 좋은 호갱님이 되어 달라는 애교도 있다. 더불어 지역사회에 교회를 알리고 함께 소통하려는 멋진 미래 구상이 있다.

지역의 명품 바자회가 되도록 만들어가자!

더 나아가 고통받는 이웃을 위한 목적을 이루어가기 위한 목적이 이끄는 축제다. 교회의 바자회는 모두가 봉사자고 소비자다. 모두가 성도님이고 고객님이고 호갱님이다.

무엇이든 주님의 이름으로, 선함으로 받으면 버릴 것이 없다.

기꺼이 님! 님! 님!이 되어주자. 성도님! 고객님! 호갱님!

61. 소명의 자리

　새로운 환경을 받아들이는 데는 여러 가지 요소들이 작용 한다. 사람의 뇌는 익숙한 것을 좋아하고 우리의 뇌는 그 감정에 반대하도록 설계되지 않았다. 그래서 교회에 새로 방문한 분들이 얼마 동안에 그 교회에서 적응해가는 시간에 일어나는 일이다.

　교회가 얼마나 따뜻한가? 사람들이 얼마나 친절한가?

　예배의 분위기는 어떠한가? 목사님의 말씀이 은혜로운가?

　그러한 판단들 속에서 자기 자신의 자리를 찾아간다.

　이 과정에서 겪게 되는 경험이 아름다우면 정착하고 더불어 가는 가족 공동체를 이룬다. 이러한 것을 비언어적 커뮤니케이션이라고 한다.

혁신적이고 새로운 것보다 더 중요한 것은 바로 이런 비언어적인 소통을 이루는 것이 중요하다.

얼마 전에 김영두 집사님(김석분 집사님) 내외분이 온 가족과 함께 등록을 하셨다. 새 신자 환영회와 열심히 예배드리는 가족분들의 모습을 보면서 '참으로 신실한 분들을 만나게 되었구나!'라는 생각에 마음에 기쁨이 넘쳤다. 김영두 집사님께서 대화 중에 한 말씀 하셨다. 교회에 나올 때마다 한복을 입으신 권사님께서 늘 웃으시며 안내하시더라는 것이다. 아마도 김차신 장로님이나 최성희 권사님이신 것 같다.

그런데 그 모습을 뵐 때마다 고향 생각도 나고, 정말 정겹고 포근한 마음이 되고 은혜가 되셨다고 한다. 늘 한결같은 모습으로 한복을 입으시는 권사님의 모습이 날마다 보는 우리에게는 권사님의 본래 모습이지만 어떤 분들에게는 고향 같은 포근함을 누리는 비언어적 커뮤니케이션이 되어서 교회를 따뜻한 시선으로 바라보게 되었다. 나는 개인적으로 거의 십여 명이나 되는 김영두 집사님의 그 가족이 정착하게 되는 데 권사님의 오랜 자리가 중요한 역할을 했다고 믿는다. 물론 한 가지 요소만으로 은혜의 자리를 정하지는 않는다. 그럼에도 하나님 앞에서 변함없이 서 있는 모습을 하나님이 받으신다는 사실을 확인 할 수 있는 시간이었다.

우리가 서 있는 이 자리가 가장 복되고 하나님이 쓰실 그런 자리가 될 것임을 늘 생각한다면 내게 주신 작은 일도 더없이 소중한 소명의 자리다. 늘 한복을 즐겨 입으시는 분들처럼...

62. 술 냄새 나는 천사

얼마 전 주일 9시 예배 때 지나가던 지역에 사시는 분이 교회에 들렀다. 입에서는 술 냄새가 나고 있었는데 누군가 교회에 좀 나오라고 하자, 오늘은 술을 조금 먹어서 죄송하다고 다음에 온다고 하신다.

그리고 몇 주가 흘렀다. 수요일 새벽에 서광석 권사님께 전화가 왔다. 일어나 보니 눈이 너무 많이 쌓여서 차량 운행을 못할 것 같다고 하신다. 뭐 천재지변이라 어쩔 수 없다. 봉고차는 잘 미끄러지니 고갯길은 위험하다. 그래서 그런지 차가 오지 않으면 목양실로 전화하시던 최병용 권사님도 연락이 없다.

4시가 되었으니 눈길이라도 치워야 하는데 교회에 제설 장비가 마땅치 않다. 여기저기 창고를 뒤져봐도 넉가래 하나 없다. 그때 세 명의 남자가 밖에서 시끌시끌하다. 넉가래를 2개 가져와서 교회 앞에 눈을 치운다. 장명자 권사님은 일찍 오셔서 오신 길을 거슬러 집 쪽으로 가시며 길을 치우고 계시다. 그 뒤를 세 분 중에 한 남자가 따라간다.

잠시 후 옆 편의점에서 호빵과 베지밀을 몇 개 사다 놓고 교회에서 드신다. 그리고는 다시 눈을 열심히 치우시고 있다. 그래서 가까이 가보니 그때 술 냄새 나던 분이 러시아에서 온 두 분과 함께 셋이서 모여 있다.

한 분은 까레이스키(구한말과 일제시대에 러시아로 이주한 한국 사람)로 한국말을 조금 하시고 한 분은 전형적인 러시아 분이다. 함께 온 두 분 중에 한국말을 조금 하는 사람은 술 냄새가 조금 났다.

이렇게 술과 관계있는 세 분이 새벽에 천사가 되어 주었다.

잠시 후 눈길을 김옥남 장로님과 첫째 따님 오영임 집사님이 오신다. 차량이 사륜이라 눈길에도 문제가 없다. 반가운 마음이 앞설 때 그때 마음에 예전에 어디선가 들었던 이런 음성이 떠올랐다.

"눈 속에 새벽기도 오는 성도는 참 내 성도다."

"겨울에 눈이 와서 교회 마당에 눈 치울 생각에 달려오는 성도는 참된 내 성도다!"

그런 사람들이 부족해서일까? 새벽예배를 시작하기도 전에 술 냄새 나는 천사들이 대신 교회 마당의 눈을 치워주고 갔다.

주님은 어떤 모습으로든지 성도를 향한 사랑을 보여주신다.

그리고 교회 밖의 사람이라도 하나님은 능히 교회를 위해 사용하신다. 하나님의 자녀가 된 우리는 이 사실을 잊지 말고 살아야겠다.

어쩌면 그 일이 빼앗긴 내 일이요 내 상급일 수 있으니...

63. 아들의 주민등록증

아들(우영이)의 주민등록증이 나왔다. 2월에 발급하라고 안내받았는데 지난 8월에 귀국해서 만들고 다시 필리핀에 들어간 다음 3주 후 찾아오는 것은 내가 했다. 나라에서는 이제 성인이 된다는 주민등록증을 발급해 주는데 아들은 아직 실감이 나지 않는 모양이었다. 주민등록증이 발급된다는 사실을 주지시키면서 나는 늘 아들에게 강요했다.

'너는 이제 어른이 되었으니 자신의 행동에 책임을 질 뿐 아니라 앞으로의 인생도 네가 결정해야 한다.'라며 책임감 있는 행동을 요구한다.
주민등록증이 나왔다고 특별히 아들의 인격에 변화가 있는 것은 아니었다. 여전히 부모의 도움을 필요로 하고 여전히 마음이 아이다.

그러나 한 가지 분명한 것은 이제 독립할 나이가 가까워 온다는 것이다. 이제 부모의 그늘이 아닌 자신의 삶을 주도적으로 살아가야 할 때가 가까워 온다는 것이다. 아직 고등학생의 나이인데 주민등록증이 나오는 것을 보면 주민등록증이 나온 날부터 완전한 어른이 되기보다 어른이 되어감의 신호탄에 가까운 듯하다. 언젠가 아들에 대한 부모의 염려와 보살핌도 위안이 될 날로 변화가 가까워 올 것이다.

그리스도인이 된다는 것은 단번에 하나님의 마음을 사로잡는 위대한 인물이나 영적인 사람이 된다는 것은 아닐 것이다. 조금 더 기대를 갖고, 좀 더 많은 삶의 책임감을 느끼며 사는 것의 시작일 것이다. 그러다가 어느 날 어른이 되어 있을 것이다. 그러다 어느 날 영적인 사람이 되어 있을 것이다.

어른이 되어서 주민등록증이 만들어지기보다 주민등록증이 만들어져서 어른이 되어가는 것일 것이다. 그 주민등록증은 분명하게 법적, 윤리적, 양심적 책임을 적극적으로 갖도록 하는 사회적 장치이기 때문이다. 그리스도인이 되었다는 것은 자격이 되어 하나님의 백성이 되었다기보다 하나님의 백성이 되어 감을 시작하는 내면적 삶의 주민등록일 것이다.

우리 삶에도 분명하게 세상의 삶과 믿음의 삶에 대한 태도에 기준이 되게 하는 마음의 주민등록증(하늘나라 시민증)이 분명히 있어야 하겠다. '주님은 그리스도라' 날마다 고백하는 새 삶의 시작을 고백으로 보관하자. 그 고백은 신앙의 마지막이 아닌 되어감의 시작이다. 언젠가 "내 마음에 합한 사람!"이라는 주님의 사람이 되어 있어야 하겠다

64. 어떤 헌신

주중에 어떤 집사님께서 목양실을 방문하셨다. 그리고 작은 돌 반지 케이스를 넣는 포장지를 하나 내놓으셨다.

"목사님, 너무 작아서 고민하다가 내놓습니다. 두 달 전부터 고민했는데 이거 제가 곗돈 모아서 산 것입니다."

(집사님의 눈시울에 눈물이 고여서 잠시 침묵이 흐르고 다시 말씀하신다.)

"이거 건축헌금입니다!"

우리는 잠시 동안 서로 눈물을 흘렸다.

나는 이렇게까지 어려운 중에 헌신하신 것에 대한 감사와 감동으로, 집사님께서는 하나님께 헌물 드린 감격과 은혜로…

아마도 집사님께서는 자신에게 있는 것 중에 가장 귀한 것이 아닌가 싶다. 그래서 드려야 할지 말아야 할지 장고의 고민도 되셨던 것 같다. 그런데 하나님이 주신 마음과 내게 가장 소중한 것인데 라는 마음의 싸움에서 결판이 나고 나니 여러 감정과 은혜가 섞여 일어나는 듯했다.

"한 냥(열 돈) 짜리 금덩어리"를 나는 처음 구경했다.

금을 처음 구경한 것이 아니고 '금'을 바치는 모습을 처음 구경했다. 많은 이야기는 들었지만 내 목회 현장에서 이런 경험을 하게 된 것이다. 그래서 내 생애에 이런 헌신을 보게 하셔서 정말 감사하다. 그것은 이 금보다 귀한 것이다. 집사님의 형편을 익히 알기에 이보다 더한 것을 드릴 수 없다는 것을 안다. 어쩌면 교회보다 집사님께 더 필요한 것일 수 있다.

그러나 내게 남은 것을 드린 것이 아니라 내 전부 같은 것, 내게 가장 귀한 것을 드리는 것 그것이 진정한 헌신일 것이다.

어쩌면 이런 일이 정말로 마음의 건물을 지어가는 일이 아닌가 생각된다. 건물로서의 교회만 건축하는 껍데기 예배당이 아닌 마음의 성전을 가꾸는 참된 예배당이 각 사람 마음에 세워지기를 기도해 본다. 이름을 굳이 밝히지 말아 달라는 집사님의 이름이 하늘에서는 분명하고 선명하게 기억될 이름이 될 줄로 믿는다.

65. 어린이 철야 성도

철야 예배 때 어린 아이들이 많이 나온다. 이 어린이 철야 성도는 스스로 온 것이 아니라 엄마, 아빠를 따라 나왔다. 점점 그 아이들이 많아진다. 잠든 아이도 있고 철야 예배를 자기 삶의 문화로 받아들이는 아이들도 있는 듯하다. 엄마 아빠와 함께 있는 것이겠지만 그 아이들이 교회를 자신의 놀이터로 인식하고 있다는 점이 중요하다고 생각한다.

엄마, 아빠와 함께하는 곳, 나도 갈 수 있는 곳, 철야 예배가 아이들이 이해할만 한 문화를 가지고 있지 않은 것은 확실하다. 그럼에도 이해되지 않는 세상을 아이들이 받아들인다.

그것도 친밀감을 가지고...

일평생 교회에서 자녀가 자라주기를 바라면 이 친밀감을 심어주는 것이 핵심일 것이다. 아이들은 이렇게 예배를 드리는 것이다.

이렇게 주님을 경험하는 것이라 생각한다.

"아이들이 내게 오는 것을 금하지 말라"

주님은 이렇게 아이들에게 다가가셨다.

시끄러운 기도 시간에도 아이들은 잘 잔다.

알아듣지 못하는 설교 시간에도 아이들은 기분 좋게 뛴다.

우리가 주의해야 할 것은 아이들이 예배를, 교회의 문화를 적대시하지 않도록 용납하고 허용해야 한다.

갈월교회에 오면 어른들이 모두 칭찬해 주고 사랑해 준다는 사실을 느끼도록 해야 한다. 누군가 시끄럽다고 윽박지르는 순간 아이들에게 갈월교회는 평생 가까이할 수 없는 혼나는 곳, 무서운 분이 있는 곳이 된다. 조용히 하는 것이 은혜받는 것이 아니라 하나님과 친밀감이 깊어지는 것이 은혜받는 것이다. 아이들은 놀면서 친밀감을 가장 잘 수용한다.

어른들의 점잖은 예배, 절제된 예배가 보기에는 좋지만, 그 내면에는 하나님과의 친밀감, 임재가 깨어진 예배가 얼마나 많은가?

널뛰듯 들뛰는 아이들은 목사님의 설교는 얻어가지 못하지만 교회에 대한 친밀감, 성도님들에 대한 친밀감을 얻고 주님에 대한 사랑으로 느낀다. 아이들이 부모의 예배 습관을 존중하고 있기 때문이다. 그 아이들도 어른이 되면 스스로 알게 되고 조용하게 된다. 어른처럼 되는 것은 저절로 되는 것이다. 그러나 친밀감은 저절로 만들어지지 않는다.

교회는 아이들의 놀이터가 되어줘야 한다.
이미 어른들은 그리스도를 얻었기에
초신자인 아이들이 그리스도를 만나도록 도와야 한다.
기다리고 인내하면서...

이러다가 어린이가 어른보다 많은 특색 있는 철야 예배가 되어도 좋을 것이란 생각이 든다.

66. 어항 속에서 교회를 보게 된다

목양실에 어항이 하나 있다. 요즘 이 어항이 비좁다. 전에는 물고기가 새끼를 낳지 않아서 몇 마리만 헤엄치고 있었는데 요즘은 다르다. 하루가 멀다 하고 새끼를 낳는다. 맨 아래에는 아주 눈에 보이지도 않을 정도로 작은 새끼들이 수풀에 산다. 그리고 점점 자라면서 위로 올라오는 것 같다.

사람이 지나가면 이 물고기들이 밥 달라고 움직임이 빨라진다. 바글바글 모여서 밥 주세요! 지느러미로 손짓한다. 그래서 어디에 나갔다가도 물고기 밥 주러 빨리 돌아가야겠다는 생각이 든다.

은근히 마음이 쓰인다. 생명을 기른다는 것이...
어디 며칠 목회 일정으로 자리를 비우면
꼭 전도사님께 부탁하고 간다.
밥 잘 좀 주세요...
이 물고기들은 내가 책임져야 할 의무가 있는 생명들이다.

주님의 마음을 생각해 본다.
우리를 향한 그분의 마음은 더 할 텐데...
주님의 음성을 달라고, 손길을 달라고 한번 몸부림쳐 보자.
주님이 마음을 우리 교회에 두시지 않을까?

어항 속의 물고기도 부흥하니 좋다. 그런데 이제는 어항이 좁아 보인다. 너무 많은 물고기가 되어 버렸다. 그래서 분양을 시작하려 한다. 뭐 시장에서 사면 한 5000원이면 그만이겠지만 내 목양실에서 분양하면 훨씬 좋을 것이다. 몇 마리 가져가도 태도 안 난다.

이렇게 분양하고 또 분양해서

모든 아이들이 있는 집에 주었으면 좋겠다.

나는 지금 물고기 농사를 짓는다.

뭐 매일 먹이 잘 주는 것밖에는 없지만

그래도 그것만으로도 날마다 흥왕하니 좋다.

거의 날마다 새끼 가진 물고기가 있다.

또 채워질 것이고 자랄 것이고 그러면 또 분양할 수 있을 것이다.

꼭 교회가 부흥하는 것 같은 마음의 기쁨을 준다.

어항은 부흥될 우리 교회의 모형이다.

갈월교회 파이팅!!!

67. 영업사원

요즘 교회에서 가장 많이 눈에 띄는 사람들은 청년부다. 단기선교를 위한 준비가 한창이다. 모여서 레몬청을 만든다고 요란했다. 200개의 유리병에 레몬청을 만들어 담아서 한 개 1만 5천 원에 판다고 한다.

'좀 비싸지 않으냐 했더니...'

"시중에서 판매하는 것보다 크기도 크고 가격도 싸다"고 한다.

부엌에서 레몬을 사다가 소독하고 씻고 일일이 자르는 작업을 하루 종일 하였다. 손가락도 베어가면서 수고하고 점심때 자장면을 시켜서 먹고 있다. 그래서 "이렇게 먹으면 팔아서 얼마나 남겠는가?

수익보다 먹는 것이 더 많은 거 아니야!"라고 가벼운 농담을 했다.

10여 명이 모여서 만들고 먹으니 그럴 수도 있겠다는 생각이 들어서 그랬는지 그다음 날은 잘 담아서 예쁘게 포장하면서 사발면에 삼각 김밥으로 점심을 먹고 있다. 에고 순진한 녀석들... "내가 자장면 시켜줄게..."라며 마음을 흔들어도 사발면에 김밥이면 만족한다고 한다. 내게는 그날 함께 먹었던 사발면에 삼각 김밥이 그렇게 맛있을 수가 없었다.

자신들이 수고하고 애쓰면서 준비해가는 선교, 그것은 단순히 순수익의 문제는 아니다. 그 일을 위해 교회에 모이고 서로 의논하고 기도하며 같은 꿈을 가지고 하나 되는 공동체 훈련이 사실은 선교 자체보다 더 중요한 그 무엇을 만들어 간다.

무엇보다 교회 와서 노는 청년들 보니 너무 반갑다. 우리 청년들이 한 없이 예뻐 보인다.

'놀아도 교회 와서 놀아라!'는 것이 내 개똥철학이며 지론이다.

그러면 공동체가 자란다.

12월 30일에는 교회 생명나무 카페에서 일일 찻집을 운영한다. 이렇게 무언가를 위해서 열심히 많은 일을 해 보기는 처음인 듯하다. 지난번 부엌에서 청년부가 처음 사업할 때 수동적으로 가만히 있는 청년들을 보면서 "너희가 영업사원이 돼야지! 이렇게 서서 가만히 있으면 다른 데 가서 사 먹지… 가서 애교부리며 붙들어와!"라며 한마디 했더니 이번에는 적극적으로 티켓에 "영업사원"(영혼을 살리고(up-업) 사랑으로 하나(one-원) 되는) 이란 타이틀을 걸고 승부수를 띄우는 모양이다. 어쨌든 벌써 선교를 위한 많은 일들을 하였고 하고 있다.

이런 청년부들의 열심을 보면서 내 마음속에는 메아리가 들인다.

'이미 선교는 성공한 거나 다름없다.'

부족한 것은 하나님이 채워주시리라.

68. 예배가 중요했다

어느 팔월의 월요일, 철원 대한 수도원으로 기획위원회가 기도하러 갔다. 철원 대한수도원을 택하는 이유는 모든 것이 무료이기 때문이다. 먼 길이지만 숙식이 무료다. 집회 때 은혜받으며 약간의(?) 헌금에 대한 부담감만 가지면 된다. 절약이 되는 것이다.

그런데 날을 잘못 잡았다. 무료라서 예약이 안 되는데 찾아가 보니 이미 예약이 다 끝났다. 광복절마다 대한 수도원에서는 집회가 열리는데 이때가 되면 전 세계에서 다 온다고 한다. 그래서 우리 자리는 없었다. 그래서 주변 기도원을 탐문하다가 평택 광은기도원으로 발길을 돌렸다. 거기서는 방값과 밥값을 치르고 정정당당하게(?) 은혜받아야만 했다. 광은 기도원에서는 하루 네 번의 강도 깊은 예배가 진행이 된다. 하루 네 번의 예배 끝마다 한 시간씩만 기도해도 하루 네 시간의 기도 시간이 주어진다. 오랜만에 무릎고베이(무릎의 방언)가 아프고 허리가 아팠다. 새벽예배를 제외하면 매 예배마다 시간 반의 예배 시간이 드려진다. 한번 예배와 기도를 포함하면 2시간 이상이다. 이렇게 네 차례를 드리는 것이 처음에는 무리다 싶었는데 점점 마음에 이렇게 중간에 예배 외에 다른 틈이 없는 것이 좋다는 생각이 든다. 빡빡한 일정이 예배로 채워지니 마음과 생각이 정화된 듯 새로움을 느낀다. 거기에서 조금씩 영적 회복이 왔다.

몸을 좀 쉬고 조용히 기도원 숲에서 혹은 개인 기도실에서 기도하며 회복하려고 했던 내 생각이 엇나갔다. 산에도 올라가 두 번의 반나절을 보냈다. 자연 속에서 머물며 묻혀 있으면 회복이 더 빨리 되리라는 내 생각도 엇나갔다. 물론 거기에서도 참 좋았다. 새들과 다람쥐가 주변에 다녀간다. 그런데 진짜 회복은 예배 때 일어나는 것을 느꼈다.

예배를 자주 드리는 것이 참으로 부담되는 일이었는데 일정에 과하게 드려지는 것 같은 예배가 회복을 가져오는 것을 경험하게 되니, 내가 진정한 회복을 내 경험 안에서만 찾았구나! 라는 생각이 들었다. 진정한 회복은 하나님 안에서 예배 안에서 일어나는 것이었다.

이번 은혜의 경험은 '회복은 시끄럽고 요란한 예배와 기도 속에서 더 체험되는 것이었다.'는 사실을 직면한 것이다. 진정한 회복은 내 노력의 산물이 아니라 하나님이 주시는 것이다.

영적 회복에 있어서 제일 중요한 것은 예배였다는 것을 깨달았다.

69. 예배 상에 남겨진 신앙유산

심방을 계속하고 있다. 우리 갈월교회 성도님들이 심방을 받는 데에 특별한 것이 있다. 교회에서 제공한 예배 상과 일반 상을 철저히 구분하려고 한다는 점이다.

여러 가정을 다니다 보니 우리 성도님들은 예배 상에는 절대로 다른 것을 올리시지 않으시려고 하신다. 성경과 찬송 그리고 심방 감사만 올려놓으신다. 예배 후에는 음료나 과일을 주시는데 거의 대부분은 다른 상을 내온다.

예배 상은 예배만 드려야 하는 것으로 인식하신다.

대부분의 교회에서는 예배 상이 과일 상이 되고, 차를 내 놓은 상이 되고, 가정에서 이것저것에 맞게 유용하게 사용되는 교회가 주는 생필품 중 하나로 사용된다.

왠지 모를 경건이 성도님들의 행동에서 묻어나오기에 문득 각 가정마다 하나의 강대상(예배 상)이 있는 것 같다는 생각이 든다. 각 가정은 또 하나의 작은 교회인 것이다. 번거로울 때에는 예배 상에 과일을 놓아도, 차를 놓고 마시거나 잠시 공부하는 책상으로 사용해도 무난할 것이다. 그런다고 나무랄 사람 하나 없을 것이다.

그럼에도 교회 안에서 오랜 신앙의 전통 속에서 형성된 예배 상을 특별히 대하는 생각들이 있다. 그것은 예배를 귀중히 여기는 학습된 전통이다. 예배상은 그렇게 무의식 속에서 성별 되고 있었다. 그것은 각 가정의 강대상과 같은 것이다. 가정 안의 성물이다.

예배 상의 외형은 세상의 수많은 작은 상들과 만드는 방법이나 재료가 모두 같다. 거기에 교회의 그림과 교회의 이름을 새겨 넣은 것뿐이다. 그런데 그것만으로도 각 가정에서는 성별하여 사용한다. 마치 성구를 대함과 같다. 그래서 각 가정에서 예배를 드릴 때마다 마음이 경건해진다.

무엇이 진정으로 거룩하게 구별된 것일까? 예배 상보다 그것을 사용하는 우리 갈월교회 성도님들의 마음이 거룩한 성물이다. 스스로 거룩하게 여기지 않으면 아무도 거룩한 것을 나타낼 수 없다. 교회를 생명처럼 사랑하지 않으면 교회는 그저 건물이리라. 예배 상 안에 남겨진 신앙의 유산 그것은 오랜 시간을 흘러가며 전해줘야 할 신앙 유산이다.

70. 예수! 예수! 니가 예수냐!

"예수! 예수! 니가 예수냐!!!"

익숙한 목소리가 요란한 채찍 소리와 함께 그렇게 예수를 외쳤다. 그 목소리의 주인공을 알기에 사람들이 웃었다. 전양택 장로님의 "예수! 예수! 니가 예수냐!"는 계속되는 소리에 그리고 장로님의 연기력에 점점 그 웃음이 숙연한 분위기로 바뀌었다. 이내 나를 비롯해 몇몇 사람은 눈가에 이슬이 맺혔다. 한 주가 지나가는 아직도 그 목소리가 귀에 들리는 듯하다. 장로님은 "네가"를 "니가"로 발음하신다 그래서 더 악역의 극적인 분위기를 연출한다.

뜻밖의 인물 배창원 집사님의 예수님 분장과 제5남선교회의 예수님

십자가의 처형 재현은 많은 성도님들의 마음을 건드렸다. 구레네 시몬 역할인 듯 이상용 장로님의 역할도 분장과 역할에 상당한 비중이 있었다. 얼굴을 가리고 예수를 따랐던 여인들의 역할 배정태 장로님(개인적으로 머리가 하얗게 보여서 잘 어울리셨다는 생각이 든다), 연극하시며 흰 천을 덮어쓰시고 같이 눈시울 적시며 우시는 듯 십자가에 마을 쏟으신 최현규 장로님, 이원용 장로님,

"...보배 피를 흘리니 죄인 받으소서!" 마이크로 찬양하셨던 유문식 권사님 심사위원이었던 나는 점수란에 '백지수표'를 던졌다.

주님의 십자가에 점수를 넣을 수가 없었다. 결국 대상을 받았다.

온 교우들의 마음에 은혜를 주신 5부 남선교회에 감사하면서 다른 한편으로 드는 생각이 있다. 사순절을 보내면서 기관별 달란트대회를 경험하면서 만약 연극이 아니라 실제에서는 '가장 익숙한 목소리, 친밀한 목소리가 예수를 조롱하는 목소리로 바뀔 수 있겠다는 생각이 든다. 예수님의 제자들과 군중들이 그랬듯이 또 뜻밖의 인물이 예수님의 도움이 되고 그분을 진정으로 따르는 사람이 될 수 있겠구나 라는 마음의 생각이 든다. 갈릴리 여인들과 구레네 시몬이 그랬듯이...'

그래서 사순절을 보내면서 겉보기에 보이는 대로 '내 사람이 아닌 것 같은 사람'이라도 미움을 주지 않고, 현재 '내 사람이다.'라는 사람도 지나치게 편견 된 믿음을 주지 않고 인간의 모습에 일희일비하며 연연하기보다 십자가 예수님께만 집중하는 영적 훈련을 해가야 하겠다는 생각이 든다. "예수! 예수! 니가 예수냐! 하! 하! 하!"

외침이 내 마음에 요동 쳐 나의 영적 잠을 깨운다.

기. 오직 한 가지만 구해도 족하다!

　로이 전도사님과 그와 결혼한 젠(제니퍼) 사모님이 우리 교회의 초청으로 한국을 방문했다. 이 두 사람은 19살의 나이 차이가 난다. 우리는 로이 전도사님을 도둑님(?) 이라고 부르면 농담을 한다. 우리로서는 이해하기 어려운 문화이지만 필리핀에서는 나이는 숫자에 불과하다. 누구든 얼마나 차이 나는가보다 얼마나 가까운가, 얼마나 소중한 관계인가가 더 중요하다.

　믿음도 그럴 것이다. 얼마나 오랫동안 교회를 나왔는가보다 얼마나 하나님과 친밀함을 가졌는가가 하나님과 우리 사이의 거리를 결정한다.

　우리는 알고 있다. 젠이 고등학교 시절부터 집안이 어려워서 아이타족이 사는 산에 와서 지내면서 로이 전도사님이 얼마나 보살피고 공(?)을 들였는지...

　필리핀에 방문했을 때 무언가 좋은 것이 있으면 젠을 챙기는 모습을 보아왔다. 쌀이며 옷이며 그리고 젠이 대학을 졸업할 때까지 든든한 후원자였다. 물론 박희영 선교사님이 대모의 역할을 했다.

　젠은 오직 한 가지 기도 제목이 있었다고 한다.

　"오직 믿음 좋은 남편 만나게 해 달라"는 것이다.

　대학 졸업 후 결혼을 했지만 젠은 너스레를 떤다.

　"제가 기도를 잘못해서 그래요! 이왕이면 배도 안 나오고, 인물도 괜찮은 사람을 남편으로 달라고 해야 하는데..."

오직 믿음만 보고 결혼하려 했다는 것이다.

그리고 그 그물에 로이 전도사님이 걸린 것처럼 상황을 바꾼다.

글쎄 누가 누구의 그물에 걸린 것인지 모르겠지만...

로이 전도사님의 성실함과 성품은 정말 훌륭하다.

늘 믿음으로 살고 순종하며 산다. 아주 신실한 사람이다.

옆에서 10여 년 넘게 두 사람을 지켜본 객관적 결과로 보면, 젠이 결혼을 잘 한 것이다. 이렇게 한국에 오는 것도 로이 전도사님과 결혼했기 때문이다. 대학을 다니게 된 것도 로이 전도사님을 만나서 선교사님의 후원을 받았기 때문이다. 또 하나님이 기뻐하시는 가장 귀한 사역을 평생 하게 된 것도 로이 전도사님과의 관계 때문이다.

생각해 보면 하나만 구한 것이 가장 잘 한 것이다.

그 사람이 바로 축복의 통로다.

젠에게 로이 전도사님은 '바로 그 한 사람'이다.

그를 통하여 삶이 채워진다. 풍성케 된다.

우리도 가장 중요한 한 가지를 구하는 기도를 가져야 하겠다.

그것이면 족할 것이다. 너무 많은 것들에 목말라 하다 보니 이것도 저것도 감사가 없다. 한 가지, 모든 것의 축복의 통로가 되어주는 그 한 가지를 찾아 기도하자!

72. 요란한 전도대 점심

7월 한여름이 되었다. 갈월 전도대가 계속해서 노방전도를 나가기에
는 뜨거운 날씨다. 7월 첫 주가 되던 이번 주까지 전도 때마다 뜨거운 태
양 빛을 막아주는 은혜가 있었다. 흐린 날씨가 은혜로운 날씨였다. 그럼
에도 기온은 점점 높아져서 잠시 동안은 노방전도를 쉬어야 한다. 참으
로 수고로운 일을 하신 분들을 축복하고자 하는 마음이 앞선다.

이런 마음이 나에게만 있던 것은 아니었다.
지난주에는 전도팀을 격려하신 분들이 참 많았다.
먼저는 박태선 장로님께서 냉면 대접해 드리라고 카드를 주셨다.
카드 주인은 다른 분?(정남홍 권사님)이셨다.
그런데 목아영 권사님께서 봉투에 금일봉을 주시면서 식사 후 커피
를 책임지셨다. 나는 내가 조금 보태서 더 맛있는 것을 드려야겠다고 생
각하고 장로님의 카드로 결제할 적절한 금액을 마음에 담았다.

(속으로는 한 백만 원 쯤 하고 싶었지만... 다음에 한 번 더 대접해 주
실 수 있는 수준에서 하기로 결심했다.)
커피값도 있으니 나도 조금은 보태서 대접하기가 수월하겠다 싶어
서 금상첨화였다.
그런데 전도하던 중에 변수가 또 생겼다.

문기영 집사님께서 커피를 돌리신 것이다.

태화아파트에 있는 분들까지 넉넉하게 커피숍의 비싼 커피(아이스 아메리카노)가 배달이 됐다.

날씨가 더워서 아이스크림이 생각날 것 같은데 심상복 장로님께서 아이스크림을 사서 돌리셨다.

드디어 점심 식사를 하러 갔다.

그런데 또 변수가 생겼다.

막국수 먹으러 갔는데 두 군데 모두 너무나 많이 기다려야 하는 것이다. 몇 분은 식사에 함께하지 못하시고 댁으로 돌아가시고 23명이 따로 따로 들어가 앉기엔 우리가 기다릴 수 없는 열정적 성격의 소유자들이었다.

전화를 하고 갔어도 어쩌겠나...

그때 한 분이 안내를 하신다.

걸어가도 될 만한 가까운 곳에

주차장이 넓고 큰 냉면집이 있다고 하신다.

메뉴판을 보니 냉면집이면서 고깃집이다.

내 속에 마음이 요동친다.

그러다가 한 가지 메뉴판을 골랐다.

고기+냉면=0000원,

이날 전도팀은 맛있는 고기와 냉면을 음료수를 곁들여 마음껏 드셨다. 그 집이 맛도 있었다. 가격도 만족했다. 목아영 권사님의 커피 값이 밥값에 포함되어 전용의 비리를 저질렀지만 문기영 집사님께서 허락 없이 대신 섬겨주신 은혜를 힘입어 모든 전도팀에게 고기와 냉면을 마음껏 드시게 했다.

심상복 장로님께서 주신
아이스크림의 시원한 마음으로 점심을 귀하고 거하게 먹었다.
많은 분들의 사랑 때문에 부끄럽게도
나는 지갑을 열 틈도 없이 마음만 생색을 내게 되었다.
요란한 전도대 점심이었다.
그래서 행복하다.
섬김과 수고하신 모든 분들
모두 모두 감사하고 사랑하고 축복합니다.

73. 우리 교회 성도님들이 빛나는 보석으로 보인다

추운 날씨에도 강림절 새벽기도가 계속되고 있다. 예수님의 오심을 기다리면서 모든 성도님들이 동일한 본문 말씀과 인쇄된 묵상집의 내용을 접하면서 똑같은 양식을 함께 먹는 가족처럼, 예수 그리스도께서 허락하신 말씀을 함께 나누는 영적 밥상공동체의 여정을 계속하고 있다.

선교회별 특별찬송과 더불어 한 사람, 한 사람이 들려주는 삶에 이야기는 얼마나 귀중한지 모른다. 내가 경험하지 못한 것이지만 그 간증을 들으며 함께 은혜를 나눌 때 내게도 같은 은혜를 경험하게 해 주신다. 모든 분들의 경험을 통해 얻은 하나님의 돌보심의 방법에 '공감'이라는 은혜의 수단을 통해서 나도 풍성하게 만들어 주신다.

또 안내를 서시며 봉사하는 모습은 기대한 것 이상의 선물이다.

특별히 정석순 권사님은 전동 휠체어를 타고 새벽에 달려오신다. 새벽에 운동 삼아 걸어서 나오다가 추운 공기에도 비상등을 깜빡이며 갈산 사거리에서 교회 쪽으로 오시는 모습을 보았다. 얼마나 빠르게 지나가시는지 걸어서는 쫓아갈 수 없었다. 정말 추워서 옷깃을 여미다가 권사님이 추위 속을 쌩쌩 달려가는 모습을 보며 대단하시다는 마음에 '이까짓 추위' 하며 마음을 다시 잡았다.

날씨가 추워지니 주춤한 모습을 보이시지만 그래도 평소에 보이시지 않던 분들이 함께 동참해 주셔서 감사하다. 시작한 지 얼마 안 된듯한데 벌써 그 여정이 며칠 남지 않았다. 거기에는 새벽기도의 습관이 없던 분들을 동참시키려는 목회적 의도가 있지만 내게 더 중요한 선물은 모든 사람이 귀하게 보이기 시작했다는 것이다.

사회자의 간증을 듣다 보니 어느 한 사람 하나님에 대한 은혜를 체험하지 않은 사람이 없고, 어느 한 사람 하나님을 사랑하지 않는 사람이 없었다. 그런 은혜와 체험이 모이고 모여서 우리 교회를 만들었다는 것을 생각하니 교회(에클레시아)는 '믿는 사람들의 모임'이라는 의미를 알겠다. 정말 모두는 각자의 자리에서 빛나는 보석 같다.

우리 성도님들이 빛나는 보석으로 보인다. 하나의 커다란 보석이 아니라 여럿이 조화를 이루는 왕관의 보석 같다. 왕관에 박혀진 여러 보석이 하나라도 빠져나가면 그 자리가 얼마나 보기 싫고 흉물스러울까? 우리 성도님들이 영원히 빛나는 보석으로 그 소명의 자리에서 주님 앞에 귀하게 되기를 기도해 본다.

74. 원래 그래야 하는 사람은 없다

한 회사를 운영하는 사장님이 기독 실업인 (CBMC)모임에서 말씀을 나누는 소그룹 모임 토의에서 이런 말을 한다. 그날 나누던 이야기는 기부에 대한 기업인의 삶을 나누는 중에 명절날 직원들을 위한 선물에 관한 이야기까지 토의되었다. 회사가 어려워도 사장의 사비로 명절에 선물을 했는데 아무도 고맙다고 하지 않는다는 것이다. 오히려 자신이 준 것에 대해 평가가 돌아온다고 한다. 그 평가에 사장님은 어려운 가운데도 직원을 생각했던 마음에 생채기가 난다고 한다. 헌신을 몰라주는 직원들, 사장님의 아픔을 몰라주는 직원들에 대한 섭섭함일 것이다.

물질에 마음이 쏠리면 사랑의 배려도 이득의 안경을 끼고 보게 되는가 보다. 언제부터인가 받는 것이 당연한 사회가 되어 그것이 권리가 되고 주는 사람을 부끄럽게 만든다. 권리가 되기보다 감사가 되었으면 좋은데 그렇지 못하다. 그래서 이 사장님은 차라리 아무도 모르는 곳에 모르는 사람에게 베풀면 적어도 평가는 받지 않는다는 원망을 가진다.

받는 사람 입장에서야 직원과 사장이니 늘 사장을 크게 본다. 그러나 많은 기업을 운영하는 사람들을 만나다 보니 기업을 운영하는 사람들의 어려움이란 평범한 사람들의 어려움보다 더할 때도 있다. 이제는 평범한 직장생활이 기업가보다 더 낫다는 이야기도 이해되고 있다.

원래 그렇게 해야 되는 사람은 세상에 없다. 우리 사회는 이런 사람들을 많이 만든다. 그래서 받는 것이 당연하게 생각한다. 헌신해야 하는 사람이 따로 있는 것이 아니다. 받아야 할 사람이 따로 있는 것도 아니다. 우리는 권리를 잘 못 찾아가고 있는 듯하다.

목회를 하다 보니 목사님이니까 당연히 그렇게 해야 된다는 세상의 잣대가 있다. 그런데 나는 목사라도 여전히 육신적이다. 욕심나고 탐나고 어쩌면 더 연약함에 노출되어 있다. 나는 원래 그렇게 해야 되는 사람이 아니다. 나도 똑같은 그리스도인으로 살아가고 있다. 다만 그리스도의 은혜에 잡혀 있을 뿐이다.

다시 주고받는 사람 모두가 행복한 세상이 되었으면 좋겠다.
헌신도 기쁘고 받음도 기쁜 세상...
너도 나도 감사로 작은 일에도 풍성한 삶을 누리는 세상...

원래 그래야 하는 사람은 없다.
우리는 서로에게 상호적인 기쁨을 가져야 한다.
조건 없이 주는 사람이 복되다.

75. 유주의 완벽한 전도법

지난주 주일에 유치부가 전도 축제를 했다. 여기저기 초청장이 붙어 있는 것을 보았는데 손으로 직접 만든 유치부만의 초청장이었다. 화려하진 않지만 정성어린 손길이 들어간 전도지가 보기에 좋았다. 이번 전도 축제를 통해 새로 등록한 다섯 친구와 더불어 엄마 품에서 벗어나지 않으려 유치부 예배에 오지 않으려던 친구들이 함께했다고 한다. 또 이 초청 잔치를 위해서 초청장을 만들고 갈월 어린이집 친구들에게 돌렸다. 교회에 이곳저곳에 유치부가 일하는 흔적들이 만들어져 자리를 차지하고 있었다.

유치부 전도 초청의 시간을 준비하면서 어린이집 선생님이 황현성 목사님께 '유주가 어린이집을 다니면서 부흥회를 하고 있다'고 하셨다는 말을 들었다. 유주에 대한 선생님의 말씀이 '무슨 소리인가?' 들어봤더니 유주가 어린이집 친구들에게 초청장을 주면서 그 친구들이 교회에 오면 예배를 드려야 하는데 찬양을 모르면 예배를 잘 드릴 수 없으니까 그 친구들을 위해서 찬양을 가르쳐주고 다녔다는 것이다. 어린이집에서 유치부 황유주가 이런 부흥회를 하고 다녔다고 한다. 목사님 딸답다.

때로는 어른들이 아이에게 배워야 하는 경우가 있는데 이런 경우가 그렇다. 어쩌면 어른들의 전도는 교회만 데리고 오면 전도가 되는 줄 아는 경우가 종종 있다. 그러나 어린아이가 처음부터 말하고, 음식을 먹고, 뛸 수 없는 것처럼 전도되어 온 사람은 교회에서는 처음 난 어린아이 같다. 모든 것이 낯설고 어색하다. 신앙생활에도 누군가의 안내와 도움이 필요하다. 유주처럼 하나씩 하나씩 알려줄 필요가 있다.

그것이 완벽한 전도다.

정말 훌륭한 황유주 전도법이다.

전도는 현장에서 끝나는 것이 아니다.

내가 모범을 보이고 내가 하고 있는 예배의 태도를 '전이시켜서 끝까지 따라오게 돕는 것'이다.

처음 교회를 경험한 사람은 안내자가 필요하다. 그리고 보고 배운 대로 신앙생활 한다. 그래서 새 신자를 전도한 사람의 전도관이 중요하다.

새신자는 자신을 전도한 바로 그 사람을 닮아가기 때문이다.

전도는 황유주 전도법이 정답이다.

함께 참된 예배자가 될 수 있도록 전도의 여정을 폭넓게 그리고 지혜롭게 살아가자.

76. 은혜로운 사람들

중, 고등부(청소년부)가 수련회를 경기도 가평으로 갔다. 지난 화요일에 월삭 예배 후 총 여선교회 회장님이신 박금례 권사님과 회계이신 허경미 집사님과 가평을 격려차 방문하였다. 배정태 장로님께서 주신 음료수 3박스와 총 여선교회에서 준비한 과일과 나와 아내가 준비한 아이스크림 등 풍성한 '격려품'을 싣고 외길인 가평까지 달려갔다. 이미 월삭 새벽 기도 후 계획에 없이 갑자기 결정하고 출발한 용환원 권사님과 이종엽 권사님이 와계셨다.

아이들과 함께 출발했던 전양택 장로님과 이종엽 권사님께서는 어항으로 물고기를 잡아 놓으셨다.

아이들은 은혜받고, 강가에 가서 물놀이하고 남자들은 어항으로 고기 잡고 폭염주의보까지 연일 계속되는 날씨를 은혜로 이겨나가고 있었다.

그런데 문득 이 학생들을 위해서 정말 이 폭염에 수고하시는 분들이 있다는 생각이 들었다. 부엌에서 이 더위에 뜨거운 식사를 준비해야 하는 봉사하시는 여선교회 회원분들이시다. '정말 힘든 일을 하고 계시구나!'라는 생각에 감사의 마음이 저절로 났다. 우리 권사님들께서는 방문한 우리에게 매운탕을 끓여서 꼭 먹고 가야 한다고 하신다. 용환원 권사님께서 가는 길에 춘천 들러서 유명한 닭갈비를 사 주시겠다고 유혹

하셨는데 권사님들의 수고로움을 생각하니 다음으로 미룰 수밖에 없었다. 춘천은 다음으로 하고 매운탕을 정말 맛있게 먹었다. 안 먹었으면 후회할 뻔하였다.

조정임 권사님은 "전양택 장로님께서 목사님 오시면 끓여 줘야 한다고 잡아 놓으신 민물고기가 냉장고에 잘 손질되어 얼려 놓았기 때문에 안 드시고 가시면 '큰일' 나는 거라고..."

용 권사님을 협박(?)해 가시면서 발목을 잡아 주셨는데...

정말 그 맛이 최고였다.

무더위에 힘드실 텐데도

"하하 호호" 웃음꽃으로 3박 4일을 지내시는 듯하다.

승안감리교회 목사님께서 감리교회에서 수련회 온 것은 처음이라고 차를 대접하시겠다고 하시며 굳이 사택에 불러 커피를 타 주신다. 그 사이에 장동원 권사님께서 수련회 격려차 방문하고 가셨다. 목사님의 요청 때문에 바로 나가지 못하고 커피 마신 후 나가보니 벌써 휴가를 떠나셨다. 휴가 가는 길에 격려하러 다녀가시니 너무 감사하다. 차를 마시며 목사님께서 말씀하시기를 "교회가 참 은혜롭습니다. 많은 교회가 다녀갔지만 이렇게 더위에 힘드실 텐데 봉사하러 오신 권사님들이 불평 한 마디 없이 웃음소리 내며 은혜롭게 지내는 경우는 처음입니다"라며 말을 건네신다.

나는 "네, 우리 교회가 원래부터 은혜가 있던 교회입니다!!!"라며 너스레를 한번 떨어주었다.

정말 은혜롭고 은혜로운 수련회의 이모저모다. 모두가 은혜다.

부엌에서 땀 흘리신 은혜로운 천사들을 기억해 봅니다.
조정임 권사님, 김은순 권사님, 조무순 권사님, 함애자 권사님, 이복
순 권사님, ooo 권사님

77. 이 순간에만 말할 수 있는 것

인생을 알 수 없다. 5살 강태양 어린이가 갑자기 독감으로 입원했다가 급성 폐렴 그리고 뇌에 바이러스가 침투해서 치료중이다. 갑자기 다가온 삶의 어려움 앞에 누구나 막연해한다. 우리 삶에 일어나지 않았으면 하는 일들도 일어난다. 태양이는 현재 중환자실에서 치료 중이다. 태양이의 치료과정을 지켜보면서 우리 인간이 얼마나 한계를 가졌는지를 절감한다.

태양이의 상태가 호전되거나 혹 불안한 소식이 들려오면 눈물을 흘리던 태양이 엄마(강연경 성도), 아빠(강장구 성도)의 모습이 눈에 선하다. 우리 교회 성도님들 모두가 깨어나기를 그리고 회복되기를 기도하고 있다. "하나님만이 하셔야 한다."는 현실적인 소리를 듣게 된 순간도 있다. 지금은 의사가 자신이 이런 경우를 본 적이 없다고 태양이가 의학적 소견이나 이론을 넘어서 호전되는 것에 대해 놀라워한다.

나는 목회자로서 태양이가 아직 치료 중인 지금 이 순간에만 말할 수 있는 것이 있다고 믿는다. 그것은 태양이가 맞이한 어려움으로 그 가정에 찾아온 변화들이다. 먼저는 태양이를 향한 부모의 생각과 방향이 바뀐다. 아빠는 앞으로 태양이에게 "공부하라!"는 말을 하지 않겠다고 한다. 어떤 것보다 태양이 자신이 이 가족에게 정말 소중한 존재라는 것을 발견한 것이다.

가장 평범했던 건강이 얼마나 귀한 하나님의 선물인지를 깊이 경험하고 계신 것이다. 어려운 시간으로 인해 더 의미 있고 깊은 사랑이 이 가정에 찾아왔다. 그와 동시에 두 분 성도님이 처음에는 당황하셨지만 이내 하나님 앞으로 더 가까이 다가가시는 모습을 보게 되었다. 두 분이 시간 날 때 그동안에 해 보지 못했을 특별한 기도의 시간을 가지신다는 것이다. 교회에 들러 새벽이거나 틈날 때 잠깐이라도 태양이를 위한 세상에서 가장 깊은, 간절한 기도의 시간을 갖는다.

태양이 때문에 이 가정에 더 깊이 예수 그리스도가 다가오신 것이다.

이것은 지금 태양이네 가족이 어려움을 정말로 잘 이겨나가고 있다는 징표다.

눈물만이 전부가 아니라는 것을 아시고 기도로 나아간다.

이 가족은 지금 어려움 속에 있으면서도 가족 서로에게 그리고 주님 앞에 더 가까이 다가가고 있다. 이번 어려움이 아니면 찾아낼 수 없는 삶의 소중한 시간을 경험하고 있다.

그 경험이 하나님의 더 큰 치유와 회복의 은혜가 되도록 우리는 함께 기도하며 태양이의 회복을 기다린다.

앞의 일들을 우리는 모르지만, 하나님께서 우리를 위한 걸음을 멈추시지 않음을 믿는다.

이미 우리 가운데 계심도 믿는다.

우리는 믿는다.

태양아 힘내라!!!

78. 이발소에서 양변받은 이야기

이발을 할 때다 싶으면 얼마 동안 나는 머리를 손보려고 특이한 행동을 계속하게 된다. 집에서 자전거를 타고 오다가 '갈산 이발관'을 들린다. 들어가지는 않고 얼굴을 높이 들어 들여다본다. 모가지가 긴 사슴처럼... 그리고는 이내 '에고 사람이 많네! 오후에 와야지...'라며 교회로 향한다. 그리고는 오후에 일정 때문에 잊고 또 잊으며 머리 관리가 엉망이 되어간다.

그곳에는 아침 시간부터 사람이 가득하다. 처음에는 아파트 옆에 이발소를 갔었다. 그런데 교회 근처에 있는 갈산 이발관에서 한번 깎고 나서는 다른 곳에 가지 않는다.

이유인즉, 아내가 "머리가 훨씬 잘 다듬어지고 예쁘다"는 칭찬 한마디 때문이다. 그리고 거기 사장님이 아주 친절하시다.

젊으신데... 또 우리 교회 권사님들이 단골이 많이 있으시다.

이 이발소는 특별하게 대를 이어 가업을 계속하신다.

토박이이신 아버님이 얼마 전 돌아가셨다. 그 아버님을 아시는 분들이 많이 있었다. 사장님이 아주 친절하셔서 그리고 기술이 좋으셔서 얼마를 기다려도 깎고 가려는 사람이 많은 것 같다.

지난 수요일에는 큰 결심을 했다. 나처럼 머리가 고수머리에 많이 탈모가 진행된 사람들은 정말 머리 관리가 어렵다. 그래서 얼마를 기다려도 깎고 가야겠다고 결심하고 이발소에 들어섰다.

그런데 기다리시는 분이 여전히 많으시다. 그 가운데 아시는 분들이 몇 분이 계셨다. "얼마나 기다려야 할까요?" 물어보았다.

"많이 기다리셔야 할 것 같아요!"

"그러면 11시 30분쯤에 오면 될까요?"

"글쎄요 그 시간도 좀 그런데요"

"그러면 오후에 오겠습니다."라며 돌아가려는 찰나에 곁에 듣고 계시던 우리 교회 유문식 권사님께서 한마디 하신다.

"그러면 제가 양보할 테니 목사님 먼저 하세요 저는 이따가 오겠습니다!"

"아니요! 권사님 그럴 수 없어요! 그렇게 하지 않으셔도 됩니다!!!"

"아니요 목사님! 목사님은 바쁘시고 저는 오늘 바쁜 일이 없으니 제가 이따가 깎겠습니다!" 그러면서 권사님은 댁으로 돌아가 버리셨다. 얼떨결에 순서를 양보 받고 기다리게 되었다. 젊은 목사가 양보받는 것에 대한 미안함, 감사함... 그 후에도 손님은 계속 들어왔다가 돌아가곤 했다. 아마도 내가 다시 갔다가 돌아와도 똑같이 기다려야 하지 않을까? 나는 양보 받은 자리를 지키려고 두 시간을 기다리다 결국 멋지게 이발을 했다. 속이 후련하다. 평생 이발을 양보받기는 처음이다. 그렇게 하지 않으셔도 늘 예배의 자리에서 뵙고 감사한 데 이렇게 권사님의 사랑의 마음을 받게 되니 죄송하고 감사하고 부끄럽기 한이 없다.

권사님 사랑 힘입어 더 열심히 목회하겠습니다.

권사님 사랑하고 축복합니다.

79. 이상기온으로부터 이상한 은혜를 누린 수련회를 마치다

이상기온이 계속되고 있다.

무더위가 역대 최고를 나타내며 긴 여정을 계속하고 있다. 기상관측 이래 최고의 더위가 가장 오랫동안 계속된다. 이런 한여름 중의 여름인 7월 말부터 8월 초에 우리 교회는 수련회를 갔다. 나는 수련회를 가기 전에 그곳은 시원하다고 너스레를 떨며 함께 동참하기를 부추겼다. 보통 때 같으면 그 지역은 8월 2주째가 되면 물이 차가워져서 바다에 들어가기가 만만치 않다. 그러나 올해는 예외였다. 이미 그 지역 역시 불볕 더위가 계속되었다. 이상기온으로 시작된 더위는 우리나라 어떤 지역을 가리지 않았다.

그런데 공교롭게도 우리가 가는 기간에 태풍이 만들어져서 필리핀 해역으로부터 올라오고 있었다. 일본을 거쳐서 우리나라가 있는 서쪽으로 방향을 틀며 일본에 상륙했다. 우리나라에까지 오지 못하고 소멸된다고 예보를 한다. 고성에 있는 대진교회와 화진포교회를 가니 시원한 바람이 불어왔다. 저녁에 콧잔등을 씻겨주는 바람이 정말 예술이다. 태풍 때문이었다.

'역시… 오기를 잘했다. 바로 이거야! 것 봐 내 말이 맞잖아!!! 안 오신 분들 더위 때문에 고생 좀 해 보셔야 다음에 꼭 다시 오려고 하시지…'

나는 함께하지 않으신 분들을 마음에 품으며 섭섭한 마음에 보복 심리를 드러내면서 그렇게 소나무 그늘에 서 있었다.

그런데 그때 대진교회 성도님 중 한 분이 "어제까지는 여기도 엄청 더웠습니다. 오늘 잘 맞춰서 오신 거에요..."라며 날씨 정보를 주신다.

딱 좋은 날씨 덕분에 우리는 3박 4일의 일정 동안 시원하고 행복하고 은혜롭고 즐겁게 수련회를 마쳤다.

그리고 돌아왔는데 대관령 너머 우리가 돌아갈 내륙에는 더 심한 불볕더위가 시작되었다고 한다. 불어오던 태풍은 동해안 쪽에만 기온을 10도 가까이 내려놓았다. 그리고 우리가 다시 돌아갈 때 동해안의 기온도 다시 올라갔다. 수련회를 하기에는 가장 최적의 날씨를 주셨던 며칠간의 그 틈새를 우리 교회가 1년 전에 계약을 해 놓았던 것이다.

사실 우리도 몰랐다. 더위도 몰랐고 태풍도 몰랐다.

아무도 예측할 수 없었다. 어쩌다 '해피 데이'가 된 것 같은 느낌이지만 '누가 알겠는가? 이번 갈월교회 전교인 수련회를 위해서 하나님이 태풍을 동원하셨는지를...'

이런 위로와 찬사로 우리 자신에게 더 큰 선물을 주는 것으로 올 수련회를 은혜롭게 마치게 하신 하나님께 감사드리며 마무리해 보고자 한다. 모두 모두 수고하셨습니다. 이상기온으로부터 이상한 은혜를 누린 수련회를 잘 마쳤습니다.

할렐루야!!!

80. 인생 도표를 계수해 봅시다

가까이 지내던 오십이 막 넘으신 착한 목사님이 소천 하셨다. 인천 사랑병원 원목이셨던 목사님은 영정 사진 속에서는 환히 웃는 그 분의 모습 그대로 우릴 맞이하고 있었다. 늘 그렇지만 젊고 아까운 나이에 가게 된 사람들을 대할 때마다 인생의 의미를 되새겨 보게 된다.

어느 보험회사가 80세를 기준으로
나이. 남은 해. 남은 달수. 남은 주수. 남은 날수 순으로 된
도표를 만들었다고 한다.

25 - 55 - 660 - 2860 - 20075

30 - 50 - 600 - 2600 - 18250

35 - 45 - 540 - 2340 - 16425

40 - 40 - 480 - 2080 - 14600

45 - 35 - 420 - 1820 - 12775

50 - 30 - 360 - 1560 - 10950

55 - 25 - 300 - 1300 - 9125

60 - 20 - 240 - 1040 - 7300

65 - 15 - 180 - 780 - 5475

만약 내 나이가 오십이라면 30년이 남았고, 360개월이 남았고, 1560 주가 남았고, 10950일이 남아있다는 의미이다.

나머지는 각자 계산해 보면 된다.

인생의 날을 계수할 지혜를 구하면서 살아야 하겠다.

그리고 우리에게 남은 하루인 바로 오늘을

구원의 날로 생각 할 수 있어야 한다.

오늘 하루를

주님이 주신 가장 귀한 날로 여기고 지혜롭게 살자고 다짐해 본다.

81. 인터넷 양심

김미란 집사님 아버님이 안산에 있는 병원에 입원해 계신다는 소식에 기도 해드리려고 병원을 찾았었다. 심방을 막 마치고 엘리베이터를 탔다. 그런데 엘리베이터 안에서 누군가 부르는 소리가 들렸다.

"목사님 아니세요!"라고 부른다.

환자복을 입고 있었다. 얼굴이 안면이 있는 듯한 분이셨다.

그래서 이름은 기억이 잘 생각이 안 나 무안해하실까 하여 "어! 안녕하세요. 여기엔 어쩐 일로 있으세요!" 했더니 그분이 말씀하신다.

"제가 엘리베이터에서 떨어진 목사입니다!"

그제야 기억이 났다.

며칠 전 목회자 동문 인터넷 카페에서 어느 목사님께서 안산 어느 교회 목사님이 엘리베이터 공사 중에 떨어지셨다는 소식을 전했다.

그때 안타까운 마음에 "기도하겠습니다" 댓글을 달았다.

사실 누군지 잘 모르기 때문에 그 후에 잊었다.

그런데 그 목사님은 날 기억하신다.

곁에 계신 사모님께서 "누구시냐? 감리교 목사님이시냐?" 물으시니... "남양교회 목사님"이시라고 대답해 주신다. 나에 대해 잘 알고 계신 것이었다. 3층이 교회인데 건물 주인이 엘리베이터 공사 중에 얇은 합판으로 덮어 놓은 곳을 밟았다가 3층에서 지하 1층으로 추락하셨다고 하신다. 회복된 것이 기적이다.

교회에 돌아와서 다시 인터넷에 들어가 보니 댓글을 다신 분이 다섯 분이셨는데 그중에 한 사람이 나였다. 그 목사님의 성함은 임국만 목사님이시다.

사실 "기도하겠습니다."하고 짧은 댓글을 단 후에 기도를 잊었는데 그 목사님을 우연히 만나니 기도의 약속을 지키지 못했던 나 자신에게 양심의 가책이 왔다. 그분이 자신을 위해 기도하겠다는 나를 기억하는데 정작 기도해 드리겠다는 댓글을 적어 놓은 나는 그분을 잊었다.

너무 말에 책임이 없는 나 자신의 모습을 발견하게 된 것이다.

나도 모르는 사이에 인터넷 댓글에 대한 책임은 그저 무의미한 것으로 받아들인 것이다.

읽을 때 뿐이고 댓글을 단 이후에 아무런 감각이 없는 양심의 주인공이 바로 나였던 것이다.

　이러니 세상에 악플을 달아서 사람에게 고통을 주고도 양심의 가책을 가지지 않는 것이 이런 마음의 양심이 무뎌진 때문이 아닌가 싶다.

　그리고 그런 일이 바로 나 자신에게도 일어날 수 있는 일이었던 것이다. 앞으로는 인터넷 양심을 나 자신이 주의하여 지켜야겠다.

　인터넷 양심에 찔려서 김옥남 장로님께 사회복지헌금 신청하여 병문안하였다.

　회개하는 마음으로...

82. 자유롭지 못한 자유인

경기연회 목회자 체육대회가 평택 이충 레포츠 체육공원에서 열렸다. 날씨가 너무 좋아서 아침부터 구월의 가을 햇살이 따가왔다. 우리 연회 27개 지방에서 목사님들이 팀을 만들어 경기에 참여했다. 나는 남양 지방에 유력한(?) 선수로서 축구 4경기, 족구 4경기를 소화했다. 하루 종일 쉴 새 없이 순서가 돌아오다 보니 평소에 운동하지 않았던 근육들을 사용하게 되고 온몸이 아프지 않은 곳이 없게 되었다. 발바닥에서 열이 나고 발을 들어 올리기에도 힘에 겨워졌다. 거의 모든 부분에서 패했다.

우리 지방 목사님들은 연습은 별로 하지 않았다.

축구 3패 1무, 족구 1승 3패 처량한 성적표다.

패배의 상처도 문제지만 무엇보다도 얼굴이 문제다.

하루 종일 벌겋게 달아오른 얼굴은 저녁이 되니 거울 앞에서 볼 성 사납게도 보였다. 꼭 술에 약한 사람이 술 먹고 얼굴이 빨개져서 횡설수설하는 것처럼 보인다. 아내는 왜 당신만 혼자 그렇게 죽어라고 뛰느냐며 다음부터는 적당히 하라는 엄명을 내린다.

그런데 내 천성이 뛰는 것이 좋다.

교회에 들어왔는데 한상우 권사님과 제일 먼저 마주 대한다.

그리고 교회학교 아이들이 소예배실에서 모여서 율동 연습을 하고 있었다.

이 순간에 나는 누구를 만나든지 오해받지 않으려면 아주 가까이 다가가야겠다고 마음으로 생각했다. 그래서 아이들에게 가까이 갔다.

권사님께도... 그리고 자초지종을 설명했다.

내 벌겋게 달아오른 얼굴은 술기운이 아니고 남양 지방 목회자들을 위한 열심과 성을 다해 뛴 훈장이라고 설득시킨다.

그 다음날도 서도순 권사님께서 팔이 부러지셔서 병원에 입원하셨다.

그 속회 몇몇 분과 아침 일찍 심방을 가기로 했다.

거기서도 많이 가라앉긴 했지만, 여전히 벌겋게 상기된 내 얼굴에 대한 친절한 설명을 덧붙였다.

나는 왜 이렇게 친절한 설명을 덧붙일까?

오해받는 것조차 부끄러움으로 여기는 탓이다.

'부끄러움을 개의치 아니하시더니...'라는 예수님에 대한 이야기가 성경 히브리서 12장에 나온다.

우리 삶에 부끄러움을 개의치 않는다는 것이 어떤 의미일까?

내 삶에서 일어나는 오해조차 부끄러운 것으로 생각하며 해명하려는 내 삶의 모습을 들여다보게 된다. 그러면서 '부끄러움을 개의치 않으신 주님의 삶이' 자꾸 떠오른다.

우리는 무엇을 그렇게 가리며, 또 설득하며 살아야 하는 걸까?

죄지은 것도 아닌데...

우리는 얼마나 자유롭지 못한 자유인으로 살아가고 있나...

삶의 이중성을 생각해 보는 시간이 되었다.

83. 지금 사랑하자!

정무원 권사님께서 소천 하셨다. 박청자 집사님과 사이좋게 예배당에 올라오시던 모습이 눈에 선하다. 두 분은 말씀이 별로 없으셨다. 늘 수줍은 웃음이 얼굴 가에 있는 겸손한 분들이시다. 늘 조용히 그리고 밝게 교회를 찾으셨던 분이시라 성도님들이 잘 모르신다.

그렇게 몇 년을 함께 했다. 병실을 찾아뵐 때는 먼저 나를 발견하시고 뛰어나오셨다. 목사가 찾아왔다고 그다음 주에 따님과 아내 되시는 집사님을 교회로 보내셨던 분이었다. 임종을 앞두고 가족들에게 사랑한다고 말씀하세요 했더니 손을 번쩍 들어 사랑한다고 말씀하셨다.

권사님의 입관 때 아드님들이 그리고 따님이 사랑한다고 권사님의 귀에 말씀하시고, "천국에서 만나요!"라는 말과 함께 얼굴과 얼굴을 대니 온 가족이 다 동일한 모습으로 권사님의 마지막 얼굴을 뵈었다. 손녀들과 손자들이 부모님을 따라 할아버지를 마지막 배웅하는 모습에 이 가족이 얼마나 화목하고 훈훈한 정을 나누었는지 짐작할 만 했다.

많은 장례예배를 드렸지만 모든 가족이 한마음과 한 사랑으로 같은 행동으로 추모하는 것은 좀처럼 보기 어려웠다. 지켜보는 내가 눈시울이 뜨거워졌고, 이 가족의 사랑으로 온화해졌다.

우리는 세상에서 가장 중요한 것을 너무 늦게 깨닫는다. 우리가 서로 사랑하는 것이 하나님 아버지의 뜻인데 우리는 사랑의 참된 대상을 잃어버린 채 다른 것들에 쫓겨 산다. 마음에 남겨주는 것도 하나 없는 돈벌이에, 상처뿐인 권력 욕심에, 언젠가 내려와야 할 출세 욕심에 우리의 사랑의 시간을 낭비해 버린다.

우리는 오늘 사랑하자! 아니, 지금 사랑하자!
마지막 순간을 생각한다면 사랑 못 할 이가 어디 있겠나?
원수도 사랑하라는 주님의 말씀이
우리에게 얼마나 아름다운 선물인가?
세상에서 가장 아름답고 선한 삶 사랑의 삶을 살아야 할 때는
내일이 아니라 바로 지금이다.

너무 늦지 않도록 사랑이 지금이 되게 하자.
우리에게 내일은 알 수 없는 날이기에...

84. 찾아가는 예배의 첫 열매가 열리다!

홍성옥 집사님께 전화가 왔다. 집사님의 어머니는 현재 암으로 투병 중이시다. 먼젓번에 서울아산병원에 입원 중이실 때 심방하여 한번 뵌 적이 있다. 연세가 있으시지만 꼿꼿하신 분이시다. 평생을 그렇게 사신 분임을 단번에 알 수 있었다. 남에게 신세 지는 것 싫어하시고 스스로 가치 있게 여기는 것에 대해서 타협이 없으실 것 같으신 분이셨다.

그러면서 가족에게는 둘도 없는 어머니의 성품을 잃지 않으시는 그런 분처럼 보였다. 아직 예수를 영접하지 않으셨지만 그래도 기도를 성실히 받아들이셨다. 아마도 따님이 다니는 교회 목사님이 오신다니 마음의 양보를 하신 듯하다. 아마도 우리 집사님께서 수십 년을 전했을 복음의 영향력으로 어머니의 마음이 거부감이 완화되신 듯하다.

평생을 완고함으로 사시던 분인데 지난주에 기적 같은 일이 일어났다. 그렇게 완고함이 평생을 지켜내는 삶의 원칙이실 것 같던 홍성옥 집사님의 어머니께서 스스로 교회에 가자고 요청하신 것이다. 그렇게 지난주에 병원에서 첫 예배를 드리신 것이다. 일어나지 않을 것 같은 일이 일어난 것이다. 우리는 경험으로 안다. 이것이 어떤 기적을 의미하는지... 집사님 말씀에 의하면 목사님의 병원 심방과 성도님들의 찾아가는 예배를 경험하시면서 결단하신 것 같다고, 자신에게도 이런 기적이 일어났다고 기쁨으로 고백하신다.

성찬을 통해 찾아가는 예배가 이렇게 특별한 하나님의 역사를 만들어 가는 이유는 뭘까? 그것은 아마도 예수님을 포장하지 않고 가장 순수하게 보여 줄 수 있기 때문이 아닐까 생각한다. 보통 전도하게 되면 우리의 경험, 설명, 설득 등의 군더더기가 예수님에게 붙어서 전해진다. 그러다 보니 때로는 진짜 순수복음이 드러나지 않고 흐려질 때도 있다.

그러나 성찬은 "예수님의 몸, 예수님의 피"를 있는 그대로 전한다. 거기에는 해설이 필요 없다. 우리는 주님의 몸을 떡과 음료로 세상의 식탁에 공급하는 그 역할만 하기 때문에 거기에서 자신들이 받아먹은 예수님의 살과 피를 경험하게 되고 그 순수 복음이 오히려 더 주님을 분명하게 전하는 것이 아닐까 생각이 든다. 때로는 설득을 멈추는 것이 진정한 설득이 된다. 때로는 예수님이 우리 언어 밖에서 말해진다.

오늘은 찾아가는 예배의 첫 열매가 열려서 성찬과 찾아가는 예배의 특별함을 더 분명하게 경험된 좋은 날이다.

85. 체면치레

송정교회를 돕는 헌금이 모아졌다. 일체의 경비와 강사료를 제외한 부흥회 헌금 290여만 원과 담임자 사례비 100만 원 그리고 장로님 두 분의 후원으로 500만 원이 되었다.

부흥회 후에 선교부의 결산이 완료되는 날까지 나는 내면에 은밀히 체면치레를 생각했다. 갈월교회란 이름에 맞는 금액이 모금되어야 한다고 내 마음의 소리는 조바심을 낸다. 말로는 얼마든 괜찮다고 했지만 마음으로는 너무 적을까 봐 걱정이 앞섰다. 500만 원이 만들어지자 '이 정도면 체면치레는 되겠지...'라는 마음의 소리를 듣게 된다.

조건 없이 돕고자 하는 순수한 마음이 있으면서도 이렇게 내 내면을 들여다보게 되니, 주님의 몸 된 교회를 돕는 일을 하면서도 내 자신이 얼마나 속물적 근성을 가진 사람의 마음을 가졌는지, 육체적 요구와 하나님의 일이 얼마나 내 삶에 공존했는가를 경험하게 된다.

그리고 그런 일들이 내 삶에 자주 일어나며 이런 내면의 은밀한 모순들이 일어나는 일들을 계속하면서도 하나님은 그런 우리를 허용하시고 부분적으로 의미 있는 일이 이어지게 하시는 것이란 믿음이 생긴다. 그리고 그것이 하나님의 은혜라는 마음의 길을 찾게 되었다. 하나님께 중요한 것은 은밀한 내 내면의 욕심이 아니라 절박한 현실을 맞은 고통 받는 사람들과 교회이기 때문이다.

하나님께 우리 자신의 모나고 속물적인 내용물이 비추더라도 용납하시고 사용하신다는 점이 있으시다는 것에 대해서 기쁘게 생각한다.

그렇지 않으면 우리는 희망이 없다.

우리는 하나님의 사랑만이 희망일 수밖에 없다.

어쩌면 우리는 또 도와주었으니 우리에게 고개 숙이고 감사하라는 무언의 요구를 하는 속물적인 내면의 마음과 부딪힐지 모른다. 그럼에도 우리의 일부분을 사용하셔서 그 교회의 소망이 되게 하심은 틀림이 없다. 전적 소망이 아니지만 함께하는 소망이다.

다음 주 토요일이면 장로님들 몇 분과 함께 가서 전달하고 올 예정이다.

우리가 하나님께 사용될 뿐 아니라 내면의 은밀한 요구들까지도 하나님께 굴복시킬 수 있다면 좋겠다. 모든 보이지 않는 헌신과 수고를 하신 분들에게 감사를 드린다. 주님께 영광!

86. 최 권사님의 거룩한 직업

최오순 권사님이 사업장을 갈산시장 안에서 더 좋은 자리로 이전하고 예배를 드리셨다. 권사님이 하시는 일은 '옷 수선 집'을 하신다. 예배 전에 '권사님은 참 좋은 직업을 가지셨다'는 생각이 들어서 권사님께 "무언가 어그러진 것을 고쳐주고 새롭게 해주는 권사님의 일이 꼭 목회 같다"는 생각을 말씀드렸다. 그랬더니 권사님께서 한 말씀 하신다.

"오는 사람들마다 돈은 제가 버는데 꼭 고맙습니다! 감사합니다! 라며 인사를 받아요!"

권사님께서도 이 직업의 특별함을 몸소 체험하고 계시는 것 같다. 세상에 이런 귀한 일이 또 어디 있을까? 생계를 위해 일하면서도 돈을 벌게 해 준 것에 대해 손님께 감사해야 하는데 도리어 손님으로부터 감사의 인사를 받게 되는 것 이런 일이 보람된 일이라 생각된다. 그것은 아마도 단순한 리폼이나 수선이 아니라 그것을 통해 얻는 버려질 것이 다시 회복되고 재생되는 특별하고도 의미 있는 권사님의 전문적인 장인정신 때문일 것이다.

케냐 이태권 선교사님 부부가 방문하여 식사를 함께 나눴다. 바쁜 한국 사회에서 실패에 대한 두려움 때문에 '빠르게, 빠르게'를 요구하다보니 사람들의 성격도 급해졌다고 사모님이 말씀하신다.

그래서 그 요구를 다 채워줄 수 없어서 한국목회는 자신이 없어지셨단다. 한국에서는 조금만 늦어도 큰일 나고 큰 소리 나는데 케냐는 아무 때나 언제든지 한밤이라도 오기만 하면 '땡큐~~'라고 한단다. 무조건 감사하단 말이 그 사람들의 삶에 있다고 한다.

한국에서는 한밤중에 찾아오면 왜 오셨나 이상하게 생각하며 이유를 물으실 텐데... 거기는 오직 이유 없이 "땡큐~~"다. '감사합니다!'

이 한 마디로 두 나라의 문화 차이를 생각해 볼 수 있다는 것이 특별하다. 권사님의 직업이 하나님이 주신 거룩한 직업이 아닌가 생각한다.

그것도 하나님이 주신 소명이다.

일터도 하나님이 주신 교회다.

일터의 목회자 되신 권사님이 행복하시기를...

언제든 감사의 인사를 받을 수 있고 감사 할 수 있는 것, 좋은 영향력을 세상에 흘려보내는 그런 삶이 우리 모든 교회 공동체의 축복이며 기쁨이 되기를 기도해 본다.

87. 최고의 리더십

지난 화요일에는 사순절 특별 새벽기도에 교회학교 순서가 있었다. 새벽에 나가는데 이원용 장로님이 안내를 서시고 그 곁에 서성이는 선생님이 계셨다. 장우람 선생님... 이유는 알 것 같았다.

교회학교 학생이 아직 아무도 오지 않은 것이다.

큰 덩치에 어울리지 않게 목을 빼고 기다리는 듯 애틋한 마음이 느껴졌다. 나는 그때 그 선생님의 영혼의 순전함을 보았다.

자신의 일이면 차라리 편하리라 내가 가르치는 학생의 일이기 때문에 선생님들의 마음에는 순전함이 생긴다. 순서는 교회학교 학생이 순서인데 애가 닳고 목마른 것은 선생님들이다.

특송을 하는데 보니 선생님들이 더 많다. 평소에 보이지 않던 선생님도 오셨다. 모두 같은 마음으로 오셨을 것이다. 또 순서와 특송을 해야 하는 학생의 부모님들도 새벽 자리를 채워주셨다.

전날 저녁에 '엄마 나 깨워줘야 돼!'라고 했을 것이다.

자신의 일이라면 그렇게 하지 않겠지만 자녀의 일이니 '이왕이면 함께 가자!'라는 마음으로 오셨을 것이다. 학생의 일은 학생 자신만의 일이 아니다. 선생님들과 부모님 그리고 담당 교역자를 긴장시킨다.

내 책임이기 때문이다.

한 번에 모든 교회학교와 부모, 교역자를 '동력화'하는 것은 가장 약한 교회학교를 세워 줄 때다. 그것이 목양의 마음이다. 주님의 마음이기도 하다. 연약한 자를 돌보는 마음 사실 그 연약함은 누군가를 깨워주는 말이다. 사실 가장 큰 영향력은 교회학교 학생들에게 있다.

누가 이렇게 다양한 깨움을 줄 수 있을까?

사랑받는 약한 자리가 최고의 리더십을 가지고 있다.

가장 약한 일을 할 때 동력화되는 교회가 건강한 교회다.

가장 낮고 가난한 곳에 갈 때 동력화하는 교회가 건강한 교회다.

목양의 마음이 있는 교회가 건강한 교회다.

88. 특별한 믿음의 길

이종훈 장로님 댁을 심방했다. 교회에서 가깝지만, 몸이 불편하셔서 거동을 하지 못하신다. 첫 만남이면서 첫 심방이었다. 아내 되시는 한명렬 권사님과 두 분의 따님(이미애 권사님과 언니)이 예배에 함께 하였다. 일평생 교회를 섬겨오셨을 것인데 날마다 내 집 드나들 듯하던 교회를 출석하지 못하시니 그 마음이 어떻겠는가? 장로님의 아픈 그 마음이 느껴지는 듯하다.

건강할 때는 당연하고, 자연스럽던 것들이 얼마나 큰 선물이었는가를 우리가 잊지 말아야 하겠다. 그러나 약해지는 것은 우리 인생이 해결할 수 없는 길이다.

장로님도 예외는 아니셨다.

우리도 예외가 될 수 없을 것이다.

우리도 겪어야 할 삶을 장로님이 먼저 경험하시는 것이다.

장로님의 기도는 두 분의 사위분께서 교회에 열심히 출석하시는 것이라고 하신다.

삶을 80년 넘게 살아보셨는데 무엇을 경험해 보지 않으셨겠는가?

무엇이 좋은 것이고 무엇이 나쁜 것인지 왜 모르시겠는가?

그러한 분이 원하는 일은 돈 많이 벌라는 어려운 일도 아니고, 세상 명예를 넘치게 받아 누리라는 부탁도 아니다.

단순하고 명료하다.

"두 분의 사위분들이 믿음 생활 잘하는 것?"

이것 하나다.

세상의 많은 것들이 언젠가 내 손을 떠나게 날이 있음을 생각하건데 장로님의 이 말씀은 '지혜'다.

먼저 살아본 사람의 지혜...

그런데 우리는 그러한 말에 귀를 기울이기가 어렵다.

현재의 삶이 너무 생생하기 때문이다.

자연스럽고 당연하기 때문이다.

연로하신 연세와 지병으로 몸이 교회에 날마다 가깝게 할 수 없지만 그렇기 때문에 더 애틋하게 교회를 사랑하시고, 신앙의 여정이 무엇보다 귀하다는 사실을 몸과 삶으로 우리에게 알려주신다. 그 열정으로 휠체어를 타고라도 꼭 교회에 한번 오시겠다고 말씀하신다. 몸과 환경이 어려워질수록 더 애틋하게 주님과 가까워지는 것, 세상의 소망이 사라지고 믿음만 남기고 싶은 것 그것은 특별한 믿음의 길이다.

89. 특별한 춤사위

오월 어린이날 경기도 포천에 있는 운천태양교회 설립 25주년 감사 및 임직 예배에 초대되어 갔었다. 나는 교우들을 위한 '권면사'를 맡았는데 순서 맡으신 분들이 여럿이라서 예배와 임직식 시간이 꽤 길었다. 장로교회라 안수집사를 세우는데 안수 위원으로 참여하였다. 작지만 교회를 예쁘게 지었다. 또 군인 가족들이 많이 있어서 젊은 성도님들이 많이 있다. 나를 비롯해서 순서를 맡으신 목사님들께서는 최선을 다해 말씀을 주신다.

그렇지만 모두가 은혜롭지만 유독 은혜 되는 한 가지 일이 있었다.

여러 사람의 순서로 시간이 많이 지났는데도 담임 목사님께서 한 사람을 세워서 특별한 순서를 가진다.

"하나님을 아버지라 부르는 자는 좋은 일이 있으리라..."

복음송을 부르면서 연세가 지긋한 한 할머니 노인분을 소개하신다.

그 평범하다 못해 시골의 아낙네가 된 지 오래 홀로되어 주름이 깊게 패여 있는 듯한 그 얼굴에 입술을 굳게 닫고 일어나 덩실덩실 웃음없이 춤을 추신다. 자연스럽게... 전문적이지 않지만 전문적으로 한 사람처럼 진지하다. 목사님께서 말씀하시기를 "우리 교회 성도님이신데 하나님께 드릴 것이 없지만 이렇게 춤을 통해서 헌신 한다는 것이다"

그 춤이 요즘 교회들에서 배운 워십 댄싱은 아니다.

그렇다고 전문적인 전통춤도 아니다.

그저 어깨너머로 흥을 돋우며 자신의 몸을 자연스럽게 드린다.

잘하는 춤도 아니다.

여러 동작이 있는 것도 아니다.

그런데 내 눈에는 경건해 보였다.

무엇보다 이 가난해 보이는 할머니의 삶에 있어 소중한 예배라고 인정해 주시고, 교회의 중요한 행사인 공식적인 자리에서 순서에도 없는 특별한 순서를 만들어 나타내시는 평범하고, 특별함이라고 찾아볼 수 없는 것 같은 그 사람을 세우시는 담임 목사님의 목회의 마음이 물질적 헌신을 최고의 것으로 만들어 버리는 현대사회와 내 마음에 저항하듯이 깊은 교훈을 던져준다.

우리는 이 특별한 춤사위 앞에서 깨어나야 한다.

우리는 무엇을 가지고 하나님께 나아가는가?

신명나게 한 세상 놀아보며

아버지 앞에 어린아이처럼 춤추는 것도 아름답지 않을까?

그것 또한 아버지 앞에 기억될 헌신자의 삶일 것이다.

90. 특별함 중의 특별함

우리 교회 근처에 매주 월요일이면 직원이 함께 모여 예배를 드리는 사업장이 있다. 서부그룹(서부사료)이다. 여기에 우리 성도님들도 몇 분 근무하신다. 나는 한 달에 한 번 때로는 두 번 여기에 예배를 인도한다. 회장님은 2대째 이어서 경영을 하고 계신다. 우리 교회 장영심 청년이 반주로 봉사하고 있다. 이번 주에 그 기업체와 관련된 특별한 일이 있었다.

지난주에는 계란을 교회에 주시겠다고 연락이 왔었다. 사료를 공급하는 특성상 양돈, 양계업체와 서로 협력적인 관계를 위해 구입을 많이 하신 듯하다. 직원들을 위해 구입하면서 우리 교회에도 나눠주실 생각으로 조금 더 구입해 주신 것 같다.

왜 이렇게까지 우리교회에 호의를 베풀까?

생각하건데 '기브 엔드 테이크'(Give and Take- 주고받는 것)다.

언젠가 한 번은 우리 교회 카페를 홍보하면서 교역자들과 커피를 타서 직원들에게 가져다주었고, 지난번 장동원 권사님이 기부해 주신 얼굴 팩을 직원들에게 교회와 회사를 홍보하며 나눠주었다. 아마도 그러한 기억 때문에 회장님께서 우리 교회에도 나눠주시라고 지시를 하신 것 같다.

주고받는 것은 정이다. 바라는 것은 아니었지만 그래도 이렇게 우리 교회를 생각해 주니 감사하다. 그래서 월요일에 가져온 계란을 받아놓고 화요일에 새벽예배에 나오는 성도님들께 한 판씩 드렸다.

그랬더니 들려오는 소리가 "이런 일은 처음이라고 새벽기도 열심히 나오니 선물을 주신 것이다"는 말과 또 그날이 공교롭게 이기훈 장로님 생신날 이셨는가 보다.

그래서 "생일선물을 받았다"고 좋아하셨다고 말씀하신다.

가가운 지방 내 작은 교회들과 나눠 먹기도 하고 총 여선교회에 얼마를 넘겨주기도 했다. 어쨌든 이렇게 생각하지 않던 선물을 받으니 삶에 활력이 더 만들어지는 것 같다.

우리 인생에 어느 날 기대치 않던 즐거움을 주는 날이 얼마나 될까?

그런 날들을 기대하며 바라다가 문득 늘 베풀어 주시는 사랑과 호의를 활력으로 받을 줄 모르는 무뎌진 삶이 기억났다. 늘 베풀어주시니 특별함이 평범함처럼 되어 더 이상 감동이 없어진 삶이 내게도 있었다.

서부그룹의 계란을 선물로 받으면서 매월 아주 극상품의 귀한 계란을 주시는 우지민 권사님이 생각이 났다. 우지민 권사님께 한 번도 감사하다는 표현을 제대 못 드렸는데 지면을 통해 진심으로 감사를 드리고 싶다. 권사님은 항상 특별함을 베풀어주셨는데 그것이 이벤트가 아니고 삶이라 알아차리지 못했다.

그 특별함 때문에 이번에 선물로 준 계란은 한 개도 내 집에 들이지 않았다. 내게는 늘 더 좋은 것이 있기 때문에...

어쩌다 얻는 특별함이 아니라 매일 주시는 진짜 특별함은 '나눔이 삶이 되신' 권사님의 선물이다.

91. 필리핀에 보낸 청년들을 생각하며

청년부가 단기선교를 떠났다. 보이지 않는 손길들이 있어서 부족함이 없이 선교비가 채워졌다. 선교를 보낼 때마다 느끼는 것이지만 하나님의 섬세한 손길이 항상 있다. 그 손길은 풍성하고 자애로우시며 넉넉하시다. 하나님께서 선교를 기뻐하심이 분명한 듯하다.

청년들이 잘 도착해서 은혜받고 있다고 한다. 우리나라 교회처럼 새벽기도부터 모든 예배를 진행한다. 청년들이 만난 아이타족은 배운 대로 한다. 한국 선교사가 하는 대로 따라 한다. 그래서 거의 다른 선교지에는 없는 새벽기도가 있다. 청년들은 한국에서도 자주 하지 않던 새벽기도로 하루를 시작한다고 한다.

산속 오지마을이라 전기야 어찌 들어오겠지만 비포장에 핸드폰 안테나나 인터넷은 생각하기 어렵다. 몇 번의 시도 끝에 짧게 통화했지만 잘 알아들을 수 없었다. 제일 높은 곳에 가거나 휴대폰 안테나가 터지는 곳을 찾아서 부목사님이 전화를 한다. 아마도 청년들이 연락이 안 와서 걱정하시겠지만, 무소식이 희소식이란 마음으로 너그럽게 기다려야 한다. 연결되어야 연결되는 것이다.

금요일에는 김홍규 선교사님 지역으로 이전했다. 선교사님 어머니

이희기 권사님께서 바리바리 싸서 준 선교사님 가족을 위한 밑반찬이며 양념들이 잘 전달되었을 것이다. 그곳에도 한국 식품점이 있지만, 엄마의 마음으로 싸주신 짐 보따리를 사무실에서 보며 애잔한 어머니의 마음이 든다. 새벽마다 기도하실 이희기 권사님과 김병화 장로님의 마음이 단기 선교 가는 청년들의 마음을 통해 전해지리라.

평소에 잘 해보지 않던 노동과 선교를 해보며 또 벽화를 그리면서 청년들이 선교에 대한 비전도 가지게 될 것이다. 또 자신들의 삶에 대한 감사의 마음도 넘쳐나게 될 것이다. 우리가 도와주기보다 배워 올 것이 많은 단기선교 첫 번째 여정에 하나님의 은총이 넘치기를 기도해 본다.

92. 하나님께서 보낸 사람

　　최근에 예배 때마다 감지하고 있는지 모르겠지만 지난 몇 년 동안이나 "아멘"하고 외쳤던 팔십이 넘으신 한 권사님의 외치는 소리가 더 이상 들리지 않는다. 수백 명 그 이상의 사람들이 예배하고 있지만, 그 권사님의 아멘 소리를 어느 누구도 따라 갈 수 가 없다. 잠시 피곤하여 졸던 사람들도 톤이 높은 '아멘~~!'이라는 소리에 깜짝 놀란다. 때로는 설교 내용과 타이밍을 맞추지 못한 '아멘~~!!' 소리로 웃음을 사기도 하셨다. 어떤 사람은 권사님께 주책이라고 눈총을 주기도 하셨다.

　　그래도 목사의 격려를 받으며 포기하지 않고 아멘을 하신다.
　　권사님의 아멘이 상황에 맞지 않고, 언제부터인가 시작된 일이라는 것을 우리는 잘 안다. 사람들은 그 권사님께서 예수 믿으시고서는 정말 많이 바뀌셨다고 하신다. 농사를 지으셔서 사람들에게 그렇게 나누어 주신다. 나도 몇 해 전까지만 해도 때마다 농사지으신 것들을 주셔서 다 먹을 수 없을 만큼 나눠주신 권사님의 사랑을 받았다. 예수 믿기 전에 권사님께서 누군가에게 나눠주시는 일이 없었다고 하신다.

　　그 권사님은 지금 병원에 계시다.
　　아마도 우리 곁에서 함께 예배하며 "아멘~~!!!" 하고 불러주시는 소리는 더 듣기 어려울 것 같다.

사실 진작부터 나는 알고 있었다.

권사님의 아멘이 시작된 해부터 권사님은 치매가 진행 중이셨다.

하나님의 은혜로 지금까지 아는 듯 모르는 듯 은혜로운 자리를 지켜 오셨다.

치매 진단 후에도 오랫동안 우리 곁에서 "아멘~~~!!!"을 외쳐주신 권사님을 언제부터인가 하나님께서 보낸 사람이라는 생각을 했다. 그 소리에 잠자던 영혼이 깨고, 그 소리에 정신 차리라는 주님의 음성을 들었다. 이제 우리를 정신 차리게 했던 그 소명을 다하셨는가 보다.

우리는 그 소리를 제대로 듣지 못한 듯도 하다.

치매는 가슴으로 기억되는 병이다.

가슴이 있어야 기억한다.

권사님께서 지금은 병실에서 나를 기억하고 알아봐 주신다.

딸도 가짜라고 하시는 중에도 기억해 주셔서 그래서 감사하다.

권사님의 아멘 소리는 아마도 내 평생에 울릴 천사의 경고 소리가 되어 가슴으로 기억되리라.

그분은 진정 하나님께서 보내신 분이었다.

93. 하나님의 방법으로 망하자!

세계적인 구호기구인 월드비전(구-선명회) 본부에 가서 말씀을 전했다. 250여 명의 직원이 있는데 한 달에 한 번 모여 예배를 함께 드리고 각 부서마다 매주 예배가 드려진다고 한다. 옳고 그름을 넘어서 온전함의 믿음으로 일하라고 직원분들에게 설교 하던 중에 내 입에서 나도 모르게 원고에 없던 말이 튀어나왔다.

'월드비전이 망해야 한다! 한국 교회가 망해야 한다!'

라고 말해 버렸다.

'월드비전의 목적은 월드비전이 망하는 것이다.'라는 생각이 들었다.

여러분이 망하기 위해 일하는 사람임을 잊지 말라고 설득했다.

깜짝 놀랐겠지만 이내 이해하는 눈치였다.

모든 소외 받고, 가난한 사람들과 병든 사람들, 생계가 위협받는 사람들... 성경에 대표해서 등장하는 소외 받는 자들 '고아와 과부와 나그네'가 사라져야 한다는 말의 역설적 표현이었다. 그날이 오면 월드비전처럼 그들을 돕는 단체는 망하게(없어도) 되는 것이다.

그런데 그것이 우리가 소망하는 진짜 하나님 나라다.

그래서 역설적이다.

우리의 실패가 하나님 나라의 꿈이 되기 때문이다.

한국교회도 망해야 한다. 복음을 전할 필요도 없이 온 세상에 복음이 충만해지면 이 땅의 교회는 망하는 것이다.

그것이 우리가 복음 전도자로 살아가야 하는 최종적 목표다.

교회의 실패가 하나님 나라의 꿈이다.

월드비전 회장님과 목사님을 만났는데 목사님께서 자기가 누가 와서 설교해도 잘 적지 않는데 이번에는 적었다는 말로 격려한다.

그리고 보니 우리는 망하기 위해 살아가는지도 모르겠다.

목사의 직업도 이 땅의 교회도 영원하지 않다.

이 영원하지 않은 것으로 우리는 영원한 것을 만든다.

땅의 것으로 하늘의 것을 만든다.

이것이 가장 큰 축복이다.

우리가 망해야 하늘나라에 사는 사람이 복이 있다.

내가 살아서 망하는 나라가 얼마나 많은가?

내가 망해야 살고, 내가 죽어야 살고,

내가 없어져야 사는 나라가 하나님 나라다.

그런 것을 생각하면 우리는 죽기 위해,

망하기 위해 열심히 살아야 한다.

그리고 우리의 망함이 가장 큰 축복이다.

이렇게 보면 삶과 죽음, 망함과 성공이 아무 의미가 없다.

그래도 우리는 열심히 살면서 의미 없는 세상에서

의미 있는 것을 만드는 하나님의 방법으로 망하자!

94. 한 마리 짐승이 순교하다!

토요일 아침부터 교회가 왁자지껄하다. 박훈호 권사님께서 교회를 위해 충성하여 일할 신실한 일꾼들인 청장년과 남선교회, 여선교회를 위해 순교시킨 짐승이 있기 때문이다.

아침부터 시작된 모임은 애찬 후 오후에 청장년회와 목회자 팀의 족구로 이어졌다. 1승 1패, 내기가 걸린 패에는 청장년회가 크게 지고, 목회자 팀이 작게 졌다. 숨겨 놓은 비장의 무기 안광수 전도사님이 실력을 발휘를 못 하면서, 황현성 전도사님의 조기 강판(?)으로 전력이 누출되면서 졌다. 청장년 팀은 이성관 집사님의 강력한 공격이 있었으나 5분에 한 번씩이라서 그 4분 사이에 졌다는 평가다.

족구가 마무리되면서 저녁은 삼겹살 파티가 한 번 더 이어졌다.

물론 크게 패한 팀이 더 많이 부담을... 먹는 즐거움이란...

그 후 영화 상영까지 저녁 10시가 넘도록 교회에서 즐겼다.

하루가 행복한 교회 생활이었다.

그리고 함께 한 모든 사람에게 그렇게 보였다.

그 모습이 보기에 좋다.

"놀아도 교회에서 놀아라!"가 내 내심에 가진 마음이다.

그런데 이러한 축제가 하루 종일 이어지기까지 내 작은 공로(?)가 씨앗이었다. 지난번 홍성덕 장로님의 원두골 농원에 예배드리러 갔다가 참 좋은 위치라서 말복 때도 가까웠고 그래서 한번 더위가 가기 전에 모임을 가지면 좋겠다는 생각이 들었다. 그리고 그 넓은 마당에 걸려 있는 무쇠 가마솥단지를 보고 철엽 생각이 났다. 그래서 박훈호 권사님과 장현덕 집사님이 있는 자리에서 한번 계획을 추진해 보라고 말을 넘겼다. 그랬더니 박훈호 권사님이 집에 짐승(굳이 밝히진 않겠다. 싫어하는 분도 계시니... 날아다니는 닭은 아니다.)이 있다고 하신다.

그런데 며칠이 못 되어 그 짐승이 순교했다.
생각지도 않는 때에 그놈이 교회로 배달되어 왔다.
박한빈 전도사님은 그놈이 끌려가는 걸 보았노라고 하신다.

그놈의 주인님이신 박훈호 권사님은 멀리 출장 중이시라 남은 우리 성도님들이 잔치를 베풀었다. 교회를 위해 죽었으니, 성도를 위해 죽었으니 그놈의 죽음도 의미 없지는 않다. 비가 와서 교회에서 잔치했다.
먹으며 그놈에게 미안한 생각이 들었다.
내 말 한 마디에 그놈의 목숨이 이렇게 밥상에 올라왔으니
내가 한 말이 살아있는 말이 되었다.
내 말이 살아있는 말이 되어 실천되는데
하나님의 살아계신 말씀을 듣는 우리는 어떻게 되겠는가?
그놈의 죽음이 나를 살아계신 하나님의 말씀 앞에 세워 놓는다.
미안하다 이놈아! 그리고 몸을 내주어 고맙다!...
권사님 감사해요!!!!

95. '함께 한다는 것'의 의미

신학대학원 동기 중 현재 100여 명이 목회한다. 목회의 연수가 길어질수록 한 사람 한 사람 찾아지는데 세계 곳곳에 머물며 목회한다. 미국, 케냐, 캄보디아, 중국, 남미, 한국의 섬들과 도서 벽지...

그렇게 흩어져 지내면서 20여 년을 서로 지냈다. 그리고 조금씩, 조금씩 다시 연락들이 되고 이내 그리웠던 얼굴들을 보기를 원한다.

목요일 미국과 케냐의 동기 목사님이 방문하면서 우리 한번 모이자라는 마음이 있었다. 그래서 모였는데 목회의 일정이 서로 맞지를 않는다. 또 우리나라도 모이려면 서로 멀리 있다. 마음의 거리는 짧지만 멀어서 서로 오지 못한다.

우여곡절 끝에 우리 교회에서 모임이 되었다. 처음에 연락되기를 60명, 40명, 이런 저런 일로 인원이 점점 줄었다. 못 내 아쉬운 사람은 부산에서 해남에서, 포항에서, 섬에서 전화로 서로 안부를 묻고 더 아쉬운 사람은 늦게라도 양양에서 예산에서 찾아와줬다.

원래는 점심만 먹고 헤어지기로 했다. 목회 일정을 빼서 온 사람들이기 때문이다. 기독교방송 설교, 병원 심방, 학교 강의, 오후에 있어야 할 다양한 일들 때문에 처음에는 그랬지만 시간이 지나면서 점점 목사님들과 사모님들이 서로의 이야기와 함께 하는 시간들에 깊이 빠져들었다.

결국 늦은 오후에 목사님들은 족구하자고 시청에 가고, 몸이 예전 같지들 않다고 한바탕 웃었다. 사모님들은 남양 시장 장터에 가서 오천 원짜리 옷들을 사서 행복해하셨다. 작별의 인사를 하고 대학원에 갔던 아내가 기말고사 마지막 시험을 치르고 돌아올 때까지 떠나지 못한 사람들이 더 많았다. 이내 저녁을 먹었다. 마도에 있는 행복한 밥집에 얼큰한 코다리 묵은지로 밥을 다시 한번 먹었다. 거기서 못내 아쉬운 듯 몇 분은 돌아가고 다시 차를 세워둔 우리 교회로 왔다. 그리고 교회 카페에서 또 시작된 이야기는 결국 저녁 9시가 돼서야 끝났다.

우리는 왜 생명처럼 여기는 각자의 목회일정을 미루면서까지 모였을까? 거기에는 자신들 내면의 소리를 들어주는 그 무언가가 있다. 힘겹고 버겁게 살아온 삶이 치유가 되는 것이다. 지친 삶에 대한 동질감...
우리가 혼자가 아니라 함께 걷는 길임을 확인하는 하루가 그렇게 힘이 될 수 없는 모양이다. 다시 혼자인 것 같은 목양지로 돌아가지만, 또 함께인 날들이 우리를 치료하게 될 것을 기대해 본다.
이것이 함께한다는 것의 의미인가 보다.

96. 핸드크림 치약

아내의 화장대에는 내가 모르는 몇 가지가 있다.

'평생 얼굴에 바르는 것과 담쌓고 사는 남자들에게는 아내들의 화장대에 있는 바를 것들의 종류를 다 알고 있는 사람이 몇이나 될까?'

나도 아내의 작은 가방에 들어가 있는 것들과 화장대에 세면대에 있는 것들이 많다. 그리고 그 이름도 잘 모른다. '파운데이션, 클렌징... 이 정도' 또 대부분 영어로 써있다. 한글은 아주 적다. 수출을 목적으로 만들어서 그런가... 요즘 물건들이 한글이 많이 안 보인다.

그래서 선택한 것은 그냥 모르고 사는 것이다.

어차피 내 얼굴에 바를 것 아닌데... '모르는 게 약이다'

간혹 좋은 남편 티 내려면 아내에게 선물을 사 바쳐야 하지만 그것도 제대로 못 한다. 립스틱도 그렇고 뭐 피부마다 다르다고 하니...

그분들은 왜 이렇게 복잡하게 사는지 모르겠다. 그래서 내가 쓰지 않는 것은 건드리지 않는다. 그러다가 감리교 본부에서 초청해 줘서 목회자 영성 수련회 강사로 가게 되었다. 아내가 바쁜 틈을 타 나는 늘 아내가 챙겨주던 여행용 '칫솔, 샴푸, 등등' 들어 있는 팩을 챙겨서 갔다. 그 팩 안에 한 가지 빠진 것이 있는데 치약이었다. 찾다가 보니 손가락만 한 그놈이 밖으로 나와 있다. 그래서 무심코 챙겨서 가져갔다.

그리고 강의 들어가기 전 양치를 하려고 그 치약을 짰다. 냄새가 벌꿀 냄새가 나는 치약이다. 몇 번 써 본 기억이 있어서 조금 익숙했다.

그런데 몇 번 양치를 하자... 완전히 맛이 달랐다. 느끼한 것이다.

포장 용기도 냄새도 모양도 다 비슷한데 그것은 치약이 아니었다.

밝은 데서 다시 한번 그 치약을 봤다. 한글도 없다. 영어다. 글씨가 너무 작아 안보이지만 그 중 눈에 보이게 두 번째 줄에 쓴 글씨는 'Hand cream'(핸드크림)이라고 적혀 있었다.

내 평생 핸드크림으로 양치를 해 보기는 처음이다.

요즘, 모양과 포장이 같지만 그 내용물은 거짓된 종교인들이 교회 안에 침투해 와서 혼란을 주는 일이 있다. 핸드크림 치약처럼 유의해서 살피지 않으면 속아 넘어간다. 잘 살펴보면 곤란을 피할 길이 있다. 마귀는 거짓의 아비다. 거짓됨을 분별하여 우리 자신을 지키는 지혜가 필요하다.

97. 핸드폰 문자 이야기

요즘 교회에서 문자를 자주 보낸다. 대부분의 문자는 예배 참여를 독려하는 문자이다. 수요예배와 금요 철야 때는 특히 전체 문자를 보내 예배의 삶이 살아져서 예배와 삶이 밀접한 관계를 맺고 살도록 하고자 하는 목회 철학이 있다.

교회는 예배하는 곳이다.

그런데 이 문자에 답장을 주시는 분들이 있다.

짧지만 단답형으로 "아멘"이라고 응답하거나 "예 목사님~~"이라고 하여주신다. 조금 길게 보내주시는 분들도 있다. "감사합니다!"를 한 줄 더 넣어주시는 분도 있다.

표현이라는 것은 참으로 사람의 마음을 움직이는 좋은 도구인 것 같다. 간혹 문자를 잘못하시는 연세가 지긋하신 권사님들께서 문자를 읽다가 "연락 바랍니다!"라는 핸드폰에 저장된 메시지가 되돌아오기도 한다. 교회에서 보낸 문자에 어떻게든 반응해 주시는 모습에 감사하다.

한 달에 두 번 교회 근처의 서부그룹에 가서 월요일 아침 8시에 예배를 인도한다. 거기에는 우리 박영순 권사님이 근무하고 계시고 또 몇 분이 일하고 계신다고 하신다. 비기독교인이 다수이지만 그룹의 오랜 창립 전통에 따라 매주 예배를 드린다. 50명 정도 예배를 드리는데 장영심 청년도 거기에서 예배 반주로 수고한다.

그런데 거기에서 내게 문자로 말씀 본문과 찬송을 받는 이지민이란 직원이 있다. 지금은 대략 누군지 짐작이 가는 직원인데 안면도 없고 얼굴도 잘 모르고 지낸다. 늘 문자로 대화를 해서 직접 통화한 적도 없다. 그런데 늘 문자에 의무적인 대답과 요청, 용건만 말하는 사람들과 달리 요청이나 알림 혹은 응답 뒷부분에 이분은 꼭 몇 글자를 더 적어준다.

"좋은 하루 되세요!" "즐거운 하루 보내세요!"

"~에 흔쾌히 응해 주셔서 감사드립니다."

"날씨가 많이 더워졌는데 건강하시고 오후도 힘내시기 바랍니다."

"즐거운 저녁 시간 보내시기 바랍니다."

"더운 날씨에 건강 조심하시기 바랍니다."

"휴가 즐겁게 보내고 오시기 바랍니다…"

"가을이 깊어지고 있습니다. 건강 조심하시고…"

얼굴도 잘 모르고 한 마디 대화해 보지 못했지만 이런 문자를 받는 나는 처음에는 의무적인 대답(성경: 000 찬송:000)만 하다가 어느새 나도 의무적인 응대를 넘어 몇 글자를 더 적게 된다.

"늘 수고해 주심에 감사드립니다."

"행복한 하루되세요."

그분의 글이 나의 글을 변화시켰다. 몇 글자의 글자를 더 배려해서 목사를 변화시키는 사람이 된 것이다. 세상에 행복을 주는 일은 크고 대단한 자리에서 시작되지 않는다. 오늘 우리도 누군가에게 한 마디 더 축복하면 그것이 씨앗이 되어 세상을 변하게 하는 힘이 되리라.

98. 핸드폰은 알고 있다!

수요예배와 금요 철야가 있는 날이면 예배 안내 문자나 독려 문자는 컴퓨터로 단체 문자로 사무실에서 보낸다. 예배에 대한 사랑과 관심 그리고 참여는 기독교 신앙의 든든한 기초이기 때문이다.

컴퓨터로 메시지를 단체 발송을 하기 때문에 그래서 내 핸드폰에는 보낸 문자가 일일이 적혀있지는 않다. 그런데 이렇게 예배가 있는 날 내 핸드폰은 요란하게 수신음성이 울린다. 감사하게도 답장해 주시는 성도님들이 많이 계시기 때문이다. 연세가 높으신 분은 가끔 메시지 확인하는 중에 번호를 잘못 눌러서 통화로 연결되는 분들도 있다. 물론 대답을 안 하신다.

이렇게 몇 개월을 지내다 보니 내 핸드폰에는 성도님들 개인, 개인의 이름이 저장되어 있는데 모든 메시지 함에 가득 채워지는 수신된 메시지가 있다. 중간에 끼어들 공간이 없이 계속해서 반복적으로 받게 되는 문자, 문득 그것을 읽다가 그것이 은혜가 된다.

아멘하고 답장 주시는 분에게는

계속해서 아멘, 아멘, 아멘...으로 가득 차 있다.

내게는 아멘이 넘치는 번호가 되었다.

또 어떤 분은 "네 알겠습니다."로 채워진다.

긍정적인 번호가 되었다.

또 "참여하겠습니다."가 가득 차서 적극적인 번호가 되기도 한다.

"할렐루야~ 아멘!" 하시는 분도 있고

"목사님! 가겠습니다." "목사님 가야지요?"...

멀리서 오지 못하시는 분들도 답장을 하신다.

"여기서 열심히 예배드리겠습니다!"

모두가 격려 되고 힘이 된다.

간혹 답장 안 하시던 분들이 답장을 주시면 '오늘은 수요예배, 금요 철야 오시려나 보다.' 하며 부푼 기대를 가지게 된다.

그리고 예배 중에 그분이 보이면 이내 마음에 행복이 된다.

이렇게 답장을 받다 보니 행복한 에너지가 성도님들의 저장된 전화 번호의 메시지 함으로부터 내게 흘러들어온다.

그래서 내 핸드폰에는 우리 성도님들의 영적 반응을 영원히 "아멘~~"
으로 채워나가고 싶다.

영원한 아멘, 영원한 긍정, 영원한 사랑, 영원한 격려...

하나님께 반응한 성도님들의 모습이 저축되듯이 저장되고 있다.

혹 오시지 못하더라도 답장을 하면 좋겠다.

예배가 기억에서 지워지지 않고 꼭 찾아가야 할 신앙의 고향이라는
사실을 상기하며 인정하는 습관이 되기 때문이다.

적극적으로 반응하다 보면 언젠가 실천하게 된다.

우리 성도님들이 예배 안내를 받을 때마다 어떻게 반응했는지 내 핸
드폰은 알고 있다. 오늘 주님의 초청에 대한 나의 반응은 어땠을까?

주님도 쌓아 놓고 기뻐하시리라!

99. 휴지통

목회를 하다 보면 아주 오래 묵은 삶의 이야기를 듣게 된다.

수십 년이 되어도 좋은 이야기는 꺼내 볼수록 행복을 준다.

그러나 모든 삶이 그렇듯 좋은 것보다 안 좋은 것이 더 생생하게 기억에 남는다.

어떤 때는 너무 오래되어서 해결할 방법이 없을 때도 있다.

그런데도 기억은 오늘 일처럼 생생하다. 상처 때문이다. 어린 시절에 받았던 상처는 어른이 되어도 공포감과 분노로 자리 잡는다. 그런데 그것이 시간이 오래 지나면 사라지지 않고 여전히 기억으로 남고 그 기억과 더불어 분노가 함께 남는다.

전에 상처를 주던 환경이나 나에게 두려움이 된 사람들은 더 이상 찾을 길이 없게 되기도 한다. 어디에서 무얼 하는지, 어떤 삶을 살고 있는지도 모른다. 그런데 기억은 생생해서 계속 내 삶에 영향력을 행사한다. 오래된 일이지만 지금도 여전해 내 고통으로 삼고 있는 것이 있다.

이럴 때 삶을 어떻게 처리해야 할까?

가장 중요한 것은 인정하는 것이다.

그것은 해결되지 않는 문제로 삶에서 처리하는 것이다.

때로는 삶에서 해결 안 되는 것도 있다는 사실을 인정하면서 인생에 휴지통을 하나 만들면 좋을 것이다.

컴퓨터에 보면 '휴지통'이란 아이콘이 있다.

문서를 작성하거나 필요한 프로그램을 사용한 후에 현재 필요 없거나 오랫동안 거의 쓸 일이 없는 것들은 휴지통에 넣는다.

그렇게 함으로 컴퓨터를 사용하기 편리하게 정리한다.

삶에도 휴지통에 넣을 기억들과 감정들이 있다.

해결 할 방법도 없고 그렇다고 내 현재의 삶과 미래의 삶에 도움을 주지도 않는다. 고난이 유익이라 고백하는 것은 그 상처의 기억을 극복하고 거기에서 새로운 것들을 열매 맺었기 때문이다.

그러나 새로운 열매도 없고 여전히 계속 상처로 남아야 하는 것들은 우리 스스로가 포기하여 삶의 휴지통에 넣는 것이 필요하다.

그것들로부터 더 이상 내 삶이 정리되지 않는 어두운 상태를 허용하지 않는 것이다.

알콜 중독자의 효과적인 치료의 시작은 자신이 알콜 중독자인 것을 인정하는 데서 시작된다.

삶의 치료는 우리가 해결 할 수 없는 것이 있다는 것을 선언하고 삶에 휴지통을 하나 만들어 놓는 것이 필요하다. 휴지통은 용서라는 큰 에너지가 되어 줄 것이다.

휴지통에 들어간 것이 기억나고 떠오를 때마다 거절하며 그리스도의 사랑과 은혜를 믿고 미래에 대해 변함없으신 하나님을 신뢰하는 것이 우리를 건강한 삶으로 정돈하는 길이 될 것이다.

100. 하나님이 보시는 아름다움

기쁨8속이 심방을 받았다. 한 가족인 것을 기뻐하며 받은 성찬 심방이 이 기쁨8속이 특별한 것은 이 속회의 구성원이 특별하기 때문이다.

이 속회에는 교회에 출석하지 못하시지만 한결같이 주님의 사랑을 소망하는 안승석 성도님이 계시다.

거동이 불편하여 교회에 출석하지 못하시지만 속회를 가정에서 드리며 마음과 생각은 늘 주님의 평안에 감사하는 맑고 밝은 성품을 지니신 성도님은 누구보다 마음이 교회에 가까우신 분이시다.

두 번째 가족은 정석순 권사님이시다.
이 권사님은 전동 휠체어를 타고 도로를 새벽에 달리시던 바로 그 처음 갈월교회 왔을 때 내 마음에 깊은 감동을 주셨던 그 권사님이시다.

늘 기도의 자리에 권사님이 계시고 예배의 자리에 계시다. 한결같은 권사님의 예배 헌신은 건강한 사람들보다도 더 특별하다.

이 속회의 어른이신 김복금 권사님은 그 속회의 원조시다.
휠체어를 타시고 88세의 연세에 불편한 몸을 아랑곳하지 않고 예배의 자리를 지키신다.

그 아파트에 속회를 유지시키신 공로자라고 하신다.

이 속회를 속장으로 섬기며 이 모든 분들을 한 가족으로 대하시는 신정식 권사님은 용사 같은 일꾼이시다. 권사님의 수고와 헌신이 없이 이 속회가 유지되는 것이 어렵다.

권사님의 섬김과 헌신은 하나님의 눈에 들어오는 보석같은 기쁨일 것이라 확신이 든다.

이 속회가 우리 교회 안의 작은 교회로서 예배를 드려나가는 것은 평범한 다른 사람들보다 훨씬 번거롭고 힘들며, 어려운 일이다.

모두가 장애를 가지고 계시고, 불편함을 가지고 계시고, 행동의 제약을 가지고 계시기 때문이다.

그런데도 불구하고 속회를 지켜나가고 계시다.

남들에게는 평범한 일도 많은 시간과 노력을 들여야 하는 이분들에게는 이 자체가 상급이다.

이 예배가 하나님의 눈으로 보기에 얼마나 아름다운 것인가를 생각해 본다. 하나님이 보시는 아름다움과 우리가 보는 아름다움에는 분명히 차이가 있다.

그걸 생각하며 실천하는 그리스도인이 되어가는 것이 우리가 가야 할 좋은 길이 될 것이다.